中公文庫

パリのパサージュ

過ぎ去った夢の痕跡

鹿島　茂

中央公論新社

まえがきに代えて

パリではいつでも左岸のサン＝ジェルマン＝デ＝プレに宿をとる。古書店や版画屋に近いからだ。

しかし、左岸にばかりいると、そのうちにパサージュ依存症の症状があらわれはじめ、どうしても一度は右岸に足を運ばなくてはという気持ちになる。パサージュは右岸にしかないからだ。パサージュ依存症、そう、私はまさにパサージュ依存症患者であり、パリに来たら、どこかのパサージュを散策し、そこの空気と匂いを胸いっぱいに吸い込まないと落ち着いた気分になれないのである。

といっても、パサージュというものをご存じでない方が誤解されるといけないので、あらかじめお断りしておくと、パサージュの空気はフレッシュで爽やかなものではない。その反対である。空気は常に淀んで湿っており、匂いはほこりっぽくてかび臭いと言ってさしつかえない。

だが、パサージュ依存症患者にとっては、その不快な匂いと空気こそが心の糧になるのだ。考えてみれば、まことに奇妙なことである。

ところで、パサージュを日本人に説明するときには、「まあ、日本のアーケードの商店街のようなものですね」と言うのだが、そう言ってから、「いや、本当はまったくちがうものなんですが」と言い直したくなる。しかし、その実、具体的にどこがどうちがうのかを具体的に語るのは案外むずかしい。形態的にはよく似ているからだ。

ただ、形態的には同じでも、パサージュはパサージュで、アーケードの商店街はアーケードの商店街なのである。

では、パサージュとアーケードの商店街との本質的なちがいとはなんなのだろう。

思うに、それは、パサージュには、バルザックやフロベールの生きた十九世紀という「時代」がそのままのかたちで真空パックのように封じ込められている点にある。

しかも、十九世紀が真空パックされているというこの比喩は、たんなる文飾ではなく、文字通りの意味なのである。つまり、パサージュの多くは十九世紀の前半に建てられて以来、百五十年以上の長きにわたって風雪に耐え抜き、バルザックやフロベールが観察の視線を向けたときのままの姿で、二十一世紀に生き残っているのである。

パリのパサージュのなかで最も古い部類に属するパサージュ・デ・パノラマが建設されたのは、ナポレオンが第一統領となった一七九九年のこと（開通は翌一八〇〇年）。

大陸で一山当てようと、三百六十度の円形風景画の見世物パノラマをもってパリにやってきたアメリカ人のロバート・フルトンは、商談が不成立に終わったため、その営業権を同国人のウィリアム・セイヤーに譲渡した。セイヤーはこのパノラマを二つ、当時売り出しの目抜き通りだったグラン・ブールヴァールの一部をなすブールヴァール・モンマルトルに並べることを考えついたが、パノラマだけでは人を呼べないと考えたのか、隣のヴァリエテ座と奥でつながる路地を作り、天井をガラス屋根で覆ってその両側に商店を並べることにした。

これがパサージュ・デ・パノラマである。パサージュとは通り抜け道の意味である。今日風にいえば、目抜き通りと劇場とショッピング・モールと見世物をセットにした複合アミューズメント・センターが誕生したと考えればいいのか。

このパサージュ・デ・パノラマは、パノラマ人気もあって、押すな押すなの賑わいとなり、十九世紀の前半には、パレ・ロワイヤルと並ぶ人気の盛り場となったが、十九世紀後半にデパートというものが出現すると、とたんに寂《さび》れ始め、あっというまに、閑古鳥の鳴くただの商店街に成り下がってしまった。

他のパサージュも同じ運命をたどった。

ブールヴァール・モンマルトルを挟んで反対側にあるパサージュ・ジュフロワとその続きであるパサージュ・ヴェルドー、あるいは少しオペラ座よりにあるパサージュ・ショワズール、また、パレ・ロワイヤルの北に位置するギャルリ・ヴィヴィエンヌとギャルリ・

コルベール、それに、十九世紀の雰囲気をもっともよく伝えるギャルリ・ヴェロ゠ドダなど、いずれも、繁栄から衰退へと急激に商運が傾き、以後、二度と人々の足はパサージュには戻らなかった。

ところが、ここに奇跡が起こった。といっても繁栄が戻ったというのではない。寂れに寂れて百数十年、そのまま取り壊しになると思いきや、なんと、パサージュは寂れたままの姿で、シーラカンスのように生きた化石として生き残り、一九八〇年代後半になると、モード・レトロの波に乗って、見事復活を遂げたのである。

まず、解体寸前だったギャルリ・コルベールがフランス国立図書館の分館に指定され、修復が行われたのをきっかけにして、その隣のパサージュであるギャルリ・ヴィヴィエンヌが現代的に生まれ変わった。とくに、ジャン・ポール・ゴルチエなど、アヴァンギャルドなデザイナーのブティックを収めてからの変貌はめざましく、ギャルリ・ヴィヴィエンヌはパリ・ファッションの流行発信基地の一つへと変身した。

続いて、パサージュの中では最も保存状態がよく、骨董店や古書店の多かったパサージュ・ジュフロワとパサージュ・ヴェルドーが、おりからのコレクター・ブームに乗って復活し、いまや、パリの人気スポットの一つにさえなっている。パサージュ・デ・パノラマやギャルリ・ヴェロ゠ドダがこの後を追うのも近いだろう。パサージュは、観光客が一度は訪れるべき観光地になりつつあるのだ。

では、今ごろになって、過去の遺物であるはずのパサージュがなぜ蘇り、二十一世紀人の人気を集めているのか？

歴史的に古いものだからか？　それだけではあるまい。なぜなら、パリにはパサージュなどよりも古くていわれのあるスポットは山ほどあるからだ。つまり、古いというだけでは人気を呼びはしないのだ。

パサージュがいま、注目のスポットになっている理由、それは、過去の華やかな繁栄の記憶をとどめたまま長い時間隧道《すいどう》（タイム・トンネル）の中に入りこみ、そこから突如、現代に姿をあらわしたからである。

過去の繁栄の時代、人々はパサージュで、未来へと向かう夢を見ていた。もちろん、一人一人は活発に活動し、目覚めていたが、その集団的な無意識の中では、人々は、自分たちの未来を投影した夢の中でまどろんでいたのである。

この時代、すなわち、資本主義がまだ若く、健全だった時代、人々の見る集団の夢は、ユートピアのような未来への希望で光り輝いていた。

そうした夢は、新しい時代の建築素材である鉄骨とガラスという素材に典型的にあらわれている。パサージュを造った人々、そこで商売を営んだ人々、群れ集った人々は、いずれも、鉄骨とガラスからできた未来的な建物の中で、自分たちは、ユートピアへと向かう進歩の箱舟に乗っていると感じたにちがいない。

パサージュの中には、そうした過去の人々が見た、未来へと向かうユートピア的な集団の夢が、いわば、そのまま、手付かずに残っているのである。

その十九世紀の集団的な夢は、二重の意味でわたしたち二十一世紀人の心をうつ。一つは、それが希望に満ちた繁栄と栄華の夢であるということ。もう一つは、その夢がさして時を経ぬうちに無残にも破れたものであること。

つまり、わたしたちは、悲惨な結末を迎えることを知っているドラマの明るい前半部分を見るような気持ち、あるいは古いSF映画を鑑賞するときのような心境で、パサージュとあい対峙しなければならないのである。

この過去の見た未来を、その未来よりもはるかに遠くに来てしまったわたしたちが振り返るときの不思議な時間の感覚、つまり「過去未来感覚」がパサージュの本質なのである。こうした「過去未来感覚」があるからこそ、パサージュの中の時間は濃密なものになるのだ。わたしたちは、パサージュの中を歩くとき、たんに過去の人々が生きた日常に出会うのではない。日常を生きながら、同時に集団的な未来の夢を見ていた人々の意識と出会うため、よけいに切ない気持ちになるのである。

パサージュの過去未来感覚は、そこで売られているレトロな商品、たとえばブリキのオモチャだとか古い絵葉書、あるいはアール・デコ時代のグラビア雑誌、タンタンと同時代の漫画（バンド・デシネ）などによって一層、増幅される。

パサージュを歩いていると、どうしてもこうしたレトロな商品を買わずにはいられない気持ちになる。レトロなのは上辺だけで、実は今出来のレプリカにすぎないことは十分承知している。だが、それらを買わなければ、過去の人々が見た明るい未来の夢に一瞬触れたという興奮をなだめることができない。

パサージュで衝動買いするガラクタは、わたしにとっては、過去未来の夢を垣間見せてくれる断片、夢のかけらにほかならないのである。

パリのパサージュではこの夢のかけらが拾える。それだけでも、パサージュは、訪れる価値があるのだ。

目次

パリのパサージュ　過ぎ去った夢の痕跡

I

パサージュへ　時間旅行の手引き

5

パサージュの定義

この本でわれわれが「パサージュ」と呼ぶものは、フランス語では「パサージュ・クヴェール passage couvert（ガラス屋根で覆われたパサージュ）」と呼ばれているものである。というのも、フランス語でただ「パサージュ passage」というとき、少なくとも行政（地図）区分的には、道と道とを結ぶ「通り抜け」を意味し、その「通り抜け」がガラス屋根で覆われているか否かは区別されないからである。

したがって、本来なら、「パサージュ・クヴェール」という呼び名を採用すべきところだが、すでにヴァルター・ベンヤミンの『パサージュ論』の流行により、日本語で「パサージュ」という語が定着し、「パサージュ・クヴェール」のことを意味するようになっているので、われわれとしても、こちらの呼び方に従わざるをえなかったのである。

というわけで、ここで、われわれなりに、「パサージュ」の定義をしておくことにしよう。

Ⅰ　公道と公道を結ぶ、自動車の入り込まない、一般歩行者用の通り抜けで、居住者専用の私道ではない。
Ⅱ　屋根で覆われていること。
Ⅲ　その屋根の一部ないしは全部がガラスないしはプラスチックなどの透明な素材で覆われており、空が見えること。

Ⅰの定義により、まず、いわゆる「袋小路 cul-de-sac」の類いは排除される。また、同様に、パリのところどころに見られる「ヴィラ villa」や「シテ cité」と呼ばれる居住者専用の私道も排除される。

Ⅱの定義によって、通り抜けであっても「露天」のものは排除される。

Ⅲの定義により、日本にあるようなビルの内部に設けられたモール的なショッピング街も排除される。

こうした定義で排除を行った後に残るパリのパサージュをカウントすると、二〇〇七年十一月の時点で、十九のパサージュが現存していることになる。「パサージュ・ガイド」で取り上げたのは、この現存する十九のパサージュである。

パサージュガイド　19の散歩路

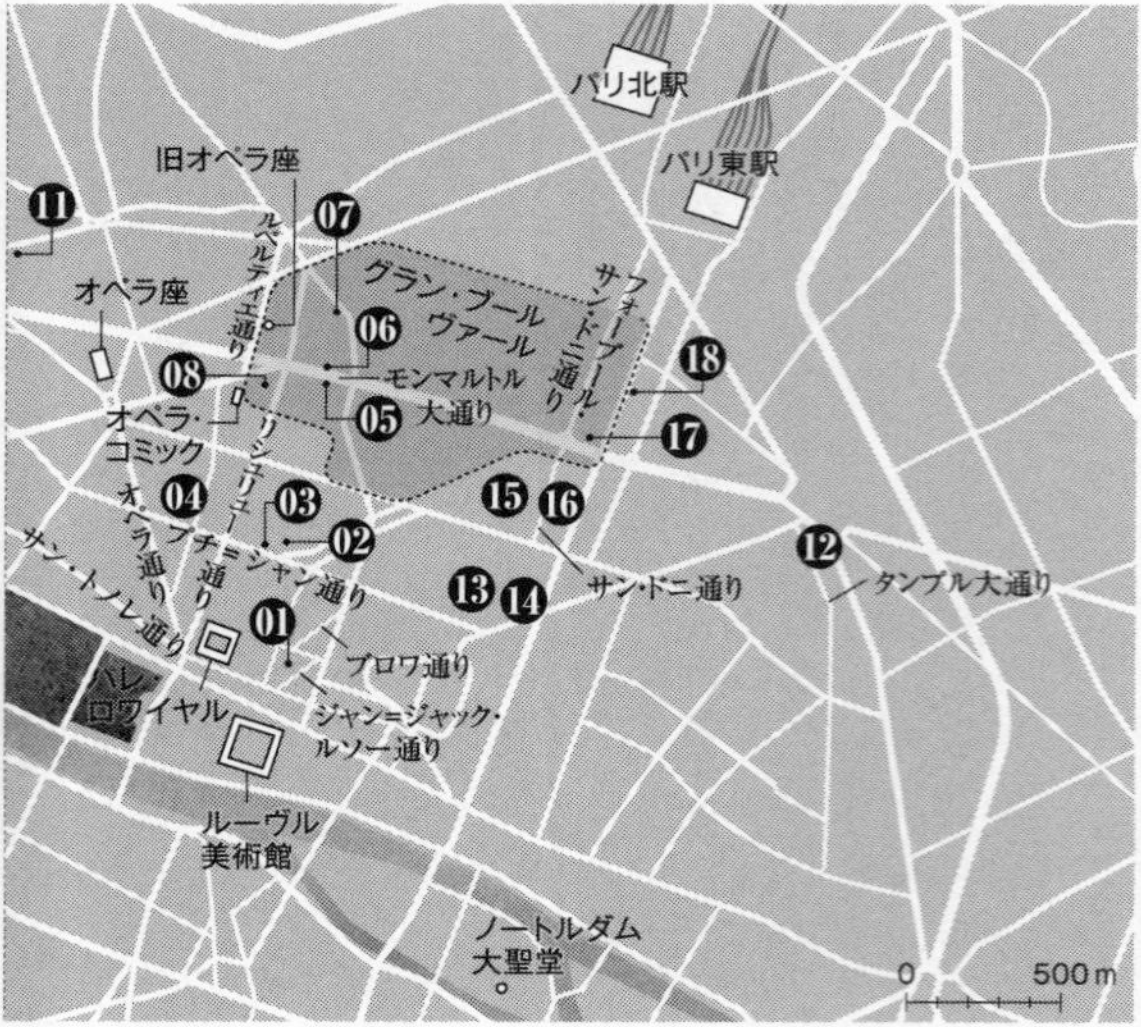
パリ北駅
パリ東駅
旧オペラ座
⓫
⓻
ルペルティエ通り
グラン・ブールヴァール
フォーブール・サン・ドニ通り
オペラ座
⓺
⓼
モンマルトル大通り
⓲
⓹
オペラ・コミック
リシュリュー通り
⓱
⓸
⓷
⓯
⓰
⓶
⓬
オペラ通り
プチ＝シャン通り
サン・トノレ通り
⓭
⓮
サン・ドニ通り
タンプル大通り
⓵
ブロワ通り
パレ・ロワイヤル
ジャン＝ジャック・ルソー通り
ルーヴル美術館
ノートルダム大聖堂
0
500m

地図製作：㈱ウエイド

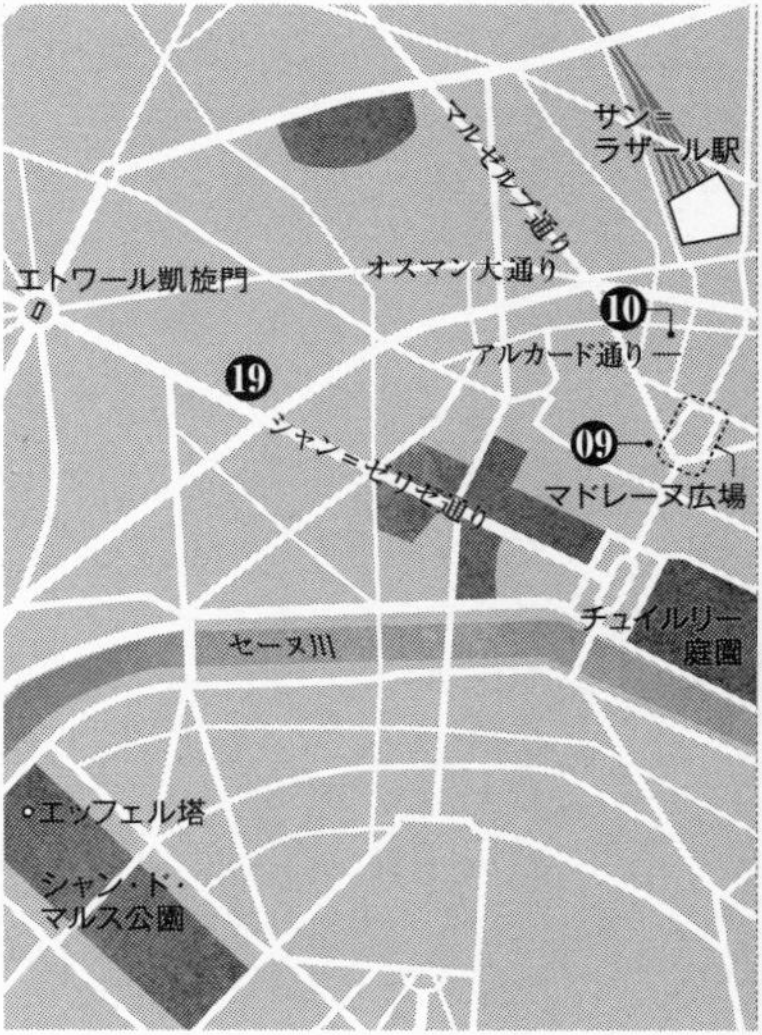

サン＝ラザール駅
マルゼルブ通り
エトワール凱旋門
オスマン大通り
10
アルカード通り
19
シャン＝ゼリゼ通り
09
マドレーヌ広場
チュイルリー庭園
セーヌ川
エッフェル塔
シャン・ド・マルス公園

01 ギャルリ・ヴェロ＝ドダ
Galerie Vero-Dodat

ジャン＝ジャック・ルソー通り19番地→ブロワ通り2番地

パリの中のヴェネチアで

ギャルリ・ヴェロ゠ドダがジャン゠ジャック・ルソー通りとブロワ通りの間に開通したのは一八二六年のこと。その名は親の代まで近所でハム・ソーセージ屋を営んでいたブノワ・ヴェロとドダ某に由来する。

大革命に続く混乱の時代に巧みな投機によって新興成金の仲間入りを果たしたこの二人のブルジョワは一八一九年にブロワ街とジャン゠ジャック・ルソー通りに面する長細い地所を手に入れると、当時大流行していたパサージュを造ろうと計画。さっそく実行に移した。

彼らには確信があった。というのも、ジャン゠ジャック・ルソー通りには、郵便馬車の、またブロワ通りには、メサジュリ・カヤール・エ・ラフィット社（後に合併でメサジュリ・ジェネラル・ド・フランス社と改称）の大型乗合馬車の発着場がそれぞれあり、また、ブロワ通りは当時パリ随一の盛り場だったパレ・ロワイヤルがすぐ近くにあったので、地方からパリにやってきた人は必ずや自分たちのパサージュを通るだろうと思ったのである。

だが、せっかくパサージュを造っても単なる通り抜けになったのでは、テナントから高い賃料を取ることはできない。なにか、もう一工夫がいる。どうしたものかと考えているうちに妙案が浮かんだ。

パサージュ全体を思い切りゴージャスな雰囲気にして、パレ・ロワイヤルに対抗できるくらいにすれば、お上りさんたちの目を奪うばかりか、物見高いパリジャンたちも押し寄せるにちがいない。金を惜しんではだめなのだ。

そこで、彼らは、まず店舗のファサードには思い切って透明ガラスを多く使い、間の壁は鏡で覆い、床には黒と白のタイルを敷き詰め、天井のガラスではない部分にはアレゴリックな天井画を配して、ネオ・クラシック調の豪華でシックな雰囲気が保たれるようにした。

さらに決め手としてガス灯でパサージュ全体をライトアップするようにしたので、消費者はヴェルサイユ宮殿で買い物をしているような錯覚を抱くに至ったのである。

そして、これらの新機軸の仕上げとして彼らが用意したのが、「パサージュよりも高級なパサージュ」という意味での「ギャルリ」という新しい名称だった。ようするに、ヴェルサイユの『鏡の間（ギャルリ・ド・グラース）』みたいなものと言いたかったのである。

かくして、ギャルリ・ヴェロ＝ドダという名を得てスタートした新しいパサージュは豊かさを追求する時代の好みに合ったのか大変な賑わいとなった。一八三七年に出たティオレの『新集・インテリアとエクステリアの装飾と嵌め木細工』では、「装飾にかんしては

壁には鏡がはめ込まれている

豪華さとユニークさで第一等」と評価されていることからわかるように、オーナーたちの意図は正しく理解されたのである

テナントにも、フィリポンの絵入り新聞「カリカチュール」や「シャリヴァリ」とタイ

アップして石版画を売るオベール商会のような流行の業態が入居し（三八番地。ブロワ通りとの角）、ドーミエやグランヴィルなどの版画を売り出したので、商業施設としての格も上がり、ギャルリ・ヴェロ＝ドダの未来はバラ色に見えた。有名人もこのパサージュに住みたがった。女優のラシェルは三八番地の二階に一八三八年から四二年まで居を構えていた。アルフレッド・ド・ミュッセは、ラシェルとパレ・ロワイヤルのアーケードで出会った後、一夜を彼女のこのアパルトマンで過ごした思い出を『マドモワゼル・ラシェルの家での夜食』という短編に残している。

だが、一八四〇年代にグラン・ブールヴァールに天井にガラスと鉄をふんだんに使った新しいタイプのパサージュが建設されるようになると、ギャルリ・ヴェロ＝ドダはあまりに薄暗く、換気も悪いと非難されるようになる。天井の骨組みが木を使っていた（後に鉄に換える）ので、開口部を多く取れなかったことが災いしたのだ。天井絵の描かれた部分は実はそれを補う苦肉の策で、ここには建物の三階部分が載っているのである。

しかしギャルリ・ヴェロ＝ドダにとって致命的だったのは、頼みの綱だったパレ・ロワイヤルとメサジュリ・ジェネラル社が世紀半ばに二つとも斜陽になってしまったことだろう。

すなわち、まずパレ・ロワイヤルが賭博禁止令と娼婦追放政策で閑古鳥の鳴くありさまとなり、集客力が著しく衰えたことが大きい。次いで、鉄道の開通により、長距離乗合馬車が完全に過去のものとなって、メサジュリ・ジェネラル社そのものが一八八〇年頃に廃業したため、人の流れが完全に消えてしまったのである。

その結果、盛り場でなければやっていけない業種のテナントはすべて撤退し、あとには、

アパルトマンへと至る階段

名刺屋とか印刷屋とか骨董屋とか古本屋といった、ふりの客をあまり必要としない不景気な業種だけが残された。

そして、この状態がすでに百五十年以上も続いているのである。

これだけでも奇跡に近いが、さらに例外的なことは、パサージュ自体の装飾が、ダムで水没した都市か、あるいは火山の噴火で灰に埋もれたポンペイのように、ほとんど手つかずで残っていることだろう。百五十年間、だれも改装を施そうとする人間が現れなかったのである。

言い換えると、ギャルリ・ヴェロ＝ドダは衰退が加速して現在に至ったのではなく、百五十年前のさびれ具合がまるでパラフィンで凝固されたかのようにそのまま「保存」されているパサージュなのである。

この意味で、ギャルリ・ヴェロ＝ドダは文字通り、商業的な「化石」、産業考古学の重要な遺産といえる。

一九六五年にパリ市歴史建造物リストの追加目録に加えられ、破壊される危機は去ったが、それでも、ギャルリ・ヴィヴィエンヌやギャルリ・コルベールのように完全に修復され、別の建造物になってしまう可能性もある。見学するならいまのうちである。

げんに、このパサージュの売り物だったアンチックドール店「ロベール・カピア」（二四、二六番地）は廃業して、いまは現代アートの歩廊に代わっている。

ところで、「ロベール・カピア」の斜め前の十三番地にある古書店「ゴーガン」の主人ポール・ゴーガン氏はロベール・カピア氏と非常に親しい友人で、カピア氏が健在だったころは、いつも彼の店に入り浸って、自分の店を留守にしていた。私もこの頃には、何度か氏の姿をカピア氏の店で見かけたものである。

ところが、まことに不思議なことに、カピア氏が廃業して以来、ポール・ゴーガン氏は忽然と姿を消した。いつ行っても、店内に灯りは点《とも》っているのだが、ドアには鍵が掛けられたままで、だれもいる気配がない。店主は、移転したカピア氏のところにしゃべりに出掛けているのか？　いや、そもそも実在しているのだろうか？　ミステリーのネタにでもなりそうな話である。

02 ギャルリ・ヴィヴィエンヌ
Galerie Vivienne

プチ＝シャン通り4番地→ヴィヴィエンヌ通り6番地
支脈バンク通り5番地

レトロ・モダンの香り溢れて

大革命から王政復古期にかけて、パリの盛り場の覇権を握っていたのは、パレ・ロワイヤルだったが、徐々にグラン・ブールヴァールに人気が集まり始め、王政復古期の末には二つの盛り場が対等に並び立つようになった。そのため、両者を結ぶ位置にあるヴィヴィエンヌ通りは第三の盛り場として賑わうようになったが、狭いうえに馬車の行き来が激しいため、落ち着いて買い物をするには適していなかった。

これに目をつけたのが、公証人組合の理事長をつとめるマルショーという人物である。ヴィヴィエンヌ通りに家作を持っていたマルショーはパレ・ロワイヤルを通り抜けた人が姿を現すプチ＝シャン通りとヴィヴィエンヌ通りを結ぶパサージュを造れば、人気沸騰は確実と踏み、辺り一帯を地上げすると、ローマ賞の建築家ドゥラノワに設計を依頼、一八二三年から工事を開始し、一八二五年には開業にこぎつけた。

前代未聞の成功だった。設計者のドゥラノワが、敷地に高低差があるうえ、マルショーの地上げした地所が妙な具合に分散しているという欠点を逆手に取り、パサージュを、折れ曲がったり、横枝が出たり、円を描いたりと、まるで鍵のような変化に富む構造にしたのが成功の原因だった。すなわち、それまでのパサージュが二本の道をショートカットする単純な通り抜けであったのにたいし、ギャルリ・ヴィヴィエンヌは、その構造の複雑さゆえに、このころから流行の兆しを見せていた散策（フラヌリ）に大きな喜びを提供する結果となったのである。

これは今日訪れてもよく分かる。まず入口を入ると、開放感のある長方形の広々とした空間が散策者を出迎えるが、それはガラス天井が二段構造になっていることが関係している。劇場建築などで異次元性を印象づけるために天井の高いホールを最初に用意するのと同じである。以前の建物で中庭だった所をうまく使った結果である。いまではレストランやワイン店のテーブルと椅子が置かれているが、これも最初から想定されていた使い方で、開業当初は設計者自らがここでカフェを出していた。

この長方形歩廊の左隅、十三番地には建物の上の階に通じる階段が見えるが、この住居には『ゴリオ爺さん』のヴォートランや『レ・ミゼラブル』のジャン・ヴァルジャンのモデルとなったことで有名な怪盗ヴィドックが住んでいた。

長方形の歩廊の次にくるのはロトンドと呼ばれる円形空間だが、これは劇場建築で言えば、客席と舞台へと至る控えホールに相当し、気分を変える効果がある。開業時にはタイル床の真ん中にメルクリウスの彫像が置かれていたようだが、いまは撤去されている。

さてロトンドを過ぎると、今度はいよいよギャルリ・ヴィヴィエンヌのメイン空間とも

小さなロトンド

言える42ｍの長大な歩廊である。ここにはナポレオン帝政下に建設されたリヴォリ通りの建築様式の特徴であるアーチ形のファサードを見ることができる。一九八〇年代後半に行われた全面改装以前はかなり荒《すさ》んでいたが、いまではこの歩廊の古顔である鳥居ユキのブ

ティックを始めとして多くのモードの店が軒を並べている。

この歩廊の途中にはバンク通りに抜ける短い歩廊がある。一方、42mの歩廊を通り抜けたところには小さな階段に続いて左に折れてヴィヴィエンヌ通りへと抜ける歩廊があるが、なぜかこの最後の歩廊は建築的に見てかなり格落ちする。これは当初から指摘されていた事実で、あるいは予算がこのあたりで尽きてしまったのかもしれない。

それはさておき、ヴィヴィエンヌ通りへと抜ける歩廊の湾曲部にはジュソーム書店という古書店があるが、このジュソーム書店についてはすでにエッセイに書いているのでそれを引用させていただくことにしよう。

「一八六二年以来ここに店を構えているジュソーム古書店はいまだに健在で、リニューアルしてすっかりこぎれいになっていた。以前はここに十九世紀の生まれではないかと思える高齢の店主がいて、同じように年取った猫を抱きながら、たまに訪れるなじみ客を相手に古本の講釈をしていたものだが、今は、彼の座っていた同じ椅子に三十代の若い店主がすわっている。老店主の消息をたずねてみると、『あれは私の祖父で、五年前になくなりました』と答えがかえってきた。この業界にも確実に世代交代の波が押し寄せているようだ」(「パリの時間隧道」『パリ時間旅行』収録)

LIBR
46
PARIS

ジュソーム書店の店主（上）と外観

この一文を書いてからすでに十五年が経過し「三十代の若い店主」も写真のような立派な中年の仲間入りしている。

プチ＝シャン通りのパサージュ入口のファサード上部に置かれたカリアティド（女神柱）の作者はエルマンス・マルショー。パサージュのオーナーの娘である。これはファサードが一八四四年に作り替えられたときに制作された。

床を飾る美しいモザイク・タイルの製造者はG・ファッチーナで、これは入ってすぐの床の上にモザイクで記されている。

アヴァンギャルドなデザインで知られるジャン・ポール・ゴルチエのブティックもこのパサージュのテナントだが、入口が違うため気づかない人が多い。ギャルリ・ヴィヴィエンヌをブティックに選ぶとは、ゴルチエはきっと「最も新しいもの、それは徹底的に時代遅れになったものの中にある」というモードの法則を知り抜いていたに違いない。

03 ギャルリ・コルベール

Galerie Colbert

プチ＝シャン通り4番地→ヴィヴィエンヌ通り4番地

ロトンドの白日夢

ギャルリ・ヴィヴィエンヌに並行する形でプチ＝シャン街からヴィヴィエンヌ通りに抜けているギャルリ・コルベールは、前者の成功に刺激され、一八二六年に建設された美しいパサージュである。

建設の母体となったのはアダン株式会社で、建築家はビヨー。「ギャルリ・コルベール」という名称はこの地所に建っていた建物がルイ十四世の財務長官だったコルベールの所有だったことに由来する。もっとも、パサージュの建設時には建物は公共借財公庫が使用していたので、パサージュは当初、パサージュ・デュ・トレゾールと呼ばれていた。

パリで最も美しいパサージュと称賛されていたギャルリ・ヴィヴィエンヌのライバルとなるべく建設された関係で、ギャルリ・コルベールは建築学的には見るべきところが多い。特に、二つの歩廊を直角に接続するロトンドはパサージュが誕生したときからあらゆるジャーナリズムで称賛され、「モニトゥール・ユニヴェルセル」紙では、それ自体が「一つの芸術作品」とまで称えられた。

一八三一年に刊行された大がかりなパリ風俗観察集『パリ　あるいは百と一の書』（ラ

19世紀のロトンド。中央にはココナツの樹を模したブロンズ彫刻が置かれていた

ドヴァカ書店）の「パサージュ」の項でアンドレ・ケルメルは次のように述べている。

「私は、このコンポジット様式の建築のエレガントな均整の前で恍惚となった。その物腰の威厳にうっとりとした。まばゆいと同時に優しい光の放たれるクリスタル円球の規則的な連なりを素晴らしいと感じた。（中略）なかでも、読者諸氏には、このパサージュの美しいロトンドに一瞥を投げかけてみることをお勧めしたい。ロトンドを照らす灯柱は、サバンナの真ん中にあるココナツの樹を思わせる。ロトンドの周りにはランジェリー屋、香水屋、アクセサリー屋などの売り子がひしめき、さかんに客の呼び込みをしている」（拙訳。以下訳者名表記のないものは著者による訳文である）

ここで、ケルメルが「ココナツの樹」と呼んでいるものは、ココナツの樹を模したブロンズの彫刻で、それが柱頭の上に実ったココナツ（クリスタル円球のガス灯）を支えるようになっていた。このロトンドの装飾は、ギャルリ・ヴィヴィエンヌを激しく嫉妬させることとなる。ギャルリ・ヴィヴィエンヌにもロトンドはあったが、そこに置かれているメルクリウスの像はココナツの樹に比べるといかにも見劣りしたからである。

高級なブティックがテナントとして入ったロトンドのファサードをかざる壁面装飾はこの時代に一世を風靡したポンペイ様式で、赤や青の大理石、白大理石のコルニッシュや薄浮き彫りなど、ローマ時代の美学を再現していた。

このロトンドは、近年、ギャルリ・コルベールが全面改装された後も、かなり忠実に当時の装飾を再現し、よくその雰囲気を伝えている。ただし、問題のココナツの樹は撤去され、その代わりに、一八二二年に製作されたヴィーナス像がロトンドの中央に置かれている。

では、このように誰からも絶賛されたパサージュに客が押し寄せたかといえば、そうは

台座に置かれたヴィーナス像は当時のものだが、オリジナルの像ではない

いかないところに商売の難しさがある。あまりに整い過ぎた美人に男が寄ってこないのに似て、この洗練されたパサージュは、宿命のライバルたるギャルリ・ヴィヴィエンヌに比べて、いま一つ人気が出なかったのである。

消費者というのは、一度でも自分を跳ね返すような冷たさを盛り場に感じてしまうと、二度とそこに足を踏み入れようとはしないのだ。猥雑さというのも、消費者を惹きつける重要な要因なのである。

この人気のなさは、一八二六年の開業当初から指摘されており一八二八年刊のパリガイドにも、「このパサージュは、広々としていて、採光もよく、建築もたいそうエレガントではあるが、隣のギャルリ・ヴィヴィエンヌほどの人気は集めていない」と書かれている。

ギャルリ・コルベールの不人気は、立地条件から考えても不思議の種だった。というのも、ギャルリ・コルベールのプチ＝シャン通り側の入口は、パレ・ロワイヤルから北へ抜ける小さな通り抜け道である「パサージュ・デ・パヴィヨン」の続きになっていたから、パレ・ロワイヤルに押し寄せた人の波は自然とギャルリ・コルベールに流れ込むはずだったからである。

ところが、実際には、そうはならなかった。ギャルリ・コルベールに流れ込む予定の人の波は、ある目論見によって動線がねじ曲げられた結果、ギャルリ・ヴィヴィエンヌに向かったのである。その動線をねじ曲げたのは、ほかならぬギャルリ・ヴィヴィエンヌの経営者だった。彼らは、「パサージュ・デ・パヴィヨン」が売りに出されるのを知ると、これを買い取り、その出口をギャルリ・コルベールの方にではなく、自分たちのパサージュの方へと回させてしまったのである。

これにはギャルリ・コルベールの側も憤慨し、「パサージュ・デ・パヴィヨン」の新しい出口に通じる入口を設けるために、一件の店舗を犠牲にして、支脈たる「パサージュ・コルベール」を開通させた。

しかし、こんな対抗策もしょせん、蟷螂《とうろう》の斧《おの》にすぎなかった。不人気は覆うべくもなく、なにか、強烈な方策を考え出さなければ、挽回は不可能に見えた。

そこで、ギャルリ・コルベールの経営者は、起死回生の策として、一八三二年に、支脈の「パサージュ・コルベール」の角に、ジェオラマという名の新型の見世物を置くことにした。ジェオラマというものが実際にどんな装置であったか実態は不明だが、その名から想像するに、ある種の光学装置を使って、地球（ジェオ）の神秘をヴァーチャルに体験させるアミューズメントだったのではないか。同じ年に作られたギャルリ・ヴィヴィエンヌのコスモラマという見世物が、ガッツァヴァ神父の考案になるヴァーチャル旅行装置であったことからもある程度は想像がつく。

このジェオラマとコスモラマの戦いは、同時代のパリ観察者を面白がらせたようで、バルザックの『ペール・ゴリオ』（一八三四年刊）には、次のような一節がある。

「この頃にも、ディオラマという、パノラマよりも視覚的錯覚を徹底的に追求した見世物が発明されたばかりだったが、パリのいくつかの画塾では、語尾になんでも《ラマ》をつけてしゃべるのがはやっていた。ヴォケール館でも、通いの若い画学生が、この言葉遊びをもちこんでいたのだった」（拙訳　藤原書店）

『ペール・ゴリオ』の時代設定は一八一九年、ダゲールによるディオラマ開業が一八二二年だから、バルザックの記述は明らかなアナクロニズムだが、むしろ、ここは、バルザックが執筆時の流行を巧みに取り入れてユーモアを効かせたものと考えたほうがいい。ジェオラマとコスモラマの戦いは、それだけ盛り場好きの話題をさらっていたのである。

だが、こうした新機軸のアミューズメントに人気が集まるのが一時のことであるのは世の習い。ブームが去ると、ジェオラマは無用の長物となり、やがて、撤去されて、その跡には、家具付きホテルが二階に付属するカフェが入ったが、どうやら、このカフェと家具付きホテルは、パレ・ロワイヤルに出没する娼婦たちのたまり場となったようで、それにともなって、ギャルリ・コルベールの格もどんどん下がっていった。

しかし、それでも、娼婦たちが出没していた頃には、それなりの活気もあったが、七月王政で王座についたルイ・フィリップによって、パレ・ロワイヤルから娼婦を追放する命令が出されると、ただでさえ少なかったギャルリ・コルベールへと向かう人の波はパッタリと途絶えてしまうのである。

そして、それは、ライバルのギャルリ・ヴィヴィエンヌにとっても同じだった。二つのパサージュは、パレ・ロワイヤルの衰退と軌を一にして寂れていくのである。

第二帝政下に、パリの風俗ルポを多く残したアルフレッド・デルヴォーは、一八六七年に次のように書いている。

「ギャルリ・ヴィヴィエンヌとギャルリ・コルベールの二つのパサージュは、人がほとんど通らないパサージュである。なぜなら、これらのパサージュはまったく抜け道にならないからだ。パリでもロンドンやニューヨークと同じくタイム・イズ・マネーなのである。二つのパサージュは清潔で、広々としているが、役に立たないのである。とはいえ、人がそこを通り、散策することはある。ただし、これらのパサージュを散策する婦人たちには、パサージュ・ジュフロワを自分たちの展示場にしている婦人たちが必ずや抱くにちがいない不埒な下心はないし、また、ここを通る男たちも、バラ色のヤマウズラと出くわすなどとはつゆほどにも期待してはいない。本物の漁色家とその獲物は別の場所にいるのだ」（アルフレッド・デルヴォー『パリの歓楽　挿絵入り実践ガイド』）

つまり、ギャルリ・ヴィヴィエンヌとギャルリ・コルベールは、娼婦すら出没しない不景気なパサージュに成り下がってしまったということである。パリの盛り場の覇権はすでに、パレ・ロワイヤルからグラン・ブールヴァールへと移っていたのである。

その結果、世紀末には、ギャルリ・コルベールは早くも次のような状況に立ち至ってしまう。

「ここには、完全な孤独、陰気な孤独がある。舗石の間から雑草が生えていないのに驚くらいである。かつて、店舗であり、カフェであり、レストランですらあったところに、寄生植物がツルをはわせていないのをむしろ意外に思ったりするのである」（ジャン・ド・ニヴェル『パサージュの死』「ソレイユ」紙、一八九九年四月五日号）

かくて、一九一〇年には、ヴィヴィエンヌ通りに抜ける歩廊は、音楽出版社のウージェルと、安レストランチェーン「ブイヨン・デュヴァル」に塞がれて、閉鎖されることになる。ガラス天井の美しさを誇ったロトンドもこのころに取り壊され、残るはプチ゠シャン通り側の歩廊だけになった。ほとんどの店舗は撤退したが、例の「パサージュ・コルベール」の家具付きホテルだけは細々と営業を続けていた。ロトンドはなんとガレージとして使われていた。

しかし、ついに、ギャルリ・コルベールに最後の日がやってくる。一九七五年、敷地が隣接する国立図書館に買い取られ、そこに分館が建設されることが決まったのだ。修復するには傷みが激しく、全面的な解体も検討されたが、最終的に、ギャルリ・コルベールを最初の状態に復元しようという建築家ルイ・ブランシェの設計図が採用され、十年の歳月をかけてレプリカが造られた。

こうして、一九八五年にギャルリ・コルベールは国立図書館分館として再生したが、その分、人通りは少なく、閑散とした雰囲気があたりを支配している。「冷たい美人」とい

忠実に復元されたロトンドのガラス屋根。美しすぎたパサージュは最初から不人気だった

う印象はギャルリ・コルベールの時代からそのまま受け継がれてしまったようだ。やはり、地霊（ゲニウス・ロキ）というのは存在しているのである。

今日、国立図書館の分館という性質上、入口では持ち物検査が行われているが、それさえクリアーすれば、中はかなり自由に見てまわることができる。ただし、ブティックは一軒も入っていないので買うものはなにもない。

かつて「ブイヨン・デュヴァル」があったところには、現在「グラン・コルベール」というレストランが入っていて、往時をしのぶことができる。時間帯によっては、ギャルリ・コルベール側から入ることも可能。一度、お試しあれ。

04 パサージュ・ショワズール
Passage Choiseul

プチ＝シャン通り40番地→サン・トギュスタン通り23番地

人の流れは絶えずして

日本のアーケード商店街のイメージに一番近いパサージュ。すなわち、活気と人出はあるが、生活中心で、なんの夢も飾り気もない散文的なパサージュである。

パサージュ・ショワズール（入口にはパサージュ・ド・ショワズールと記してある）が開通したのは王政復古下の一八二七年のこと。ルイ十四世の外務大臣だったリオンヌ侯爵の邸宅ほか四軒の建物を地上げし、プロジェクトを推進したのは、当時、日の出の勢いだったマレ銀行である。

その狙いは、一目瞭然だった。盛り場の覇者であるパレ・ロワイヤルと、それに挑戦する新しい盛り場グラン・ブールヴァールを結ぶパサージュを造れば、歩行者は、馬車の運行が激しく、歩道も狭いリシュリュー通りを避けて、この通り抜けを利用するだろうと踏んだのだった。

パサージュの建設は一八二六年に始まったが、その途中で思わぬ要因が加わり、計画は変更を余儀なくされる。隣接した敷地にオペラ・コミック王立劇場が建設されることになったのである。マレ銀行はこの劇場建設を歓迎し、自らも出資して周辺を整備し、劇場の玄関ホールとパサージュ・ショワズールを結ぶと同時に、劇場に通じる支脈のパサージュも通して、劇場にくる客を呼び込もうと図った。

ところが、肝心の劇場の方が経営が思わしくなく、オペラ・コミックが一八三二年に離れた後、ノティック座、イタリアン座と持ち主を変えたあげく、一八七八年には大火を出して閉鎖の憂き目を見た。建物はエスコント銀行に買い取られ、一八九二年からはフランス銀行の所有となっている。

パサージュ・ショワズールは、このように、もともと人通りが多い地区に建設されたため、人の耳目をひきつけるような工夫は必要ないと判断されたのか、はなはだ簡単で単純なプランに基づいている。

パリのパサージュを最初に本格的に研究したベルトラン・ルモワーヌの『ガラス屋根のパサージュ（パサージュ・クヴェール）』（デレガシオン・ア・ラクション・アルティスティック・ド・ラ・ヴィル・ド・パリ）によると、このパサージュは、建設当初から、同時代人の評価が低かったらしい。というのも、壁はただ漆喰《しっくい》が塗ってあるだけ、天井のガラスはこれまた至って単純で装飾性がなく、ほとんど工場のようなのだ。先に引用した『パリ あるいは百と一の書』の「パサージュ」の項で、アンドレ・ケルメルはこう指摘している。

「パサージュ・ショワズールをヌーヴ・ド・プチ・シャン通りから入って抜けると、

歩行者はある種の驚きをもって、この長く均一的なパサージュを眺めざるをえない。なにしろ、そこには何の変化もないのだ。この均一性から生じるのは、建物の内部全体にひろがるモノトーンで味気ない印象ではあるまいか？」

この印象は、ケルメルの観察から百八十年ちかくたった現在でも変わらない（口絵②③）。ようするに、パサージュ・ショワズールは、出来たときから散文的なパサージュだったのである。

ただ、散文的だからといって人通りが少ないわけではない。それはギャルリ・コルベールが美しいからといって人気が出たわけではないのと同じである。むしろ、散文的であるがゆえに、パサージュ・ショワズールは、昔もいまも人通りの多いパサージュであり続けている。

とりわけ、七月王政から第二帝政にかけて、パサージュ・ショワズールは大いに賑わった。というのも、オペラ・コミック座（イタリアン劇場）のほかに、このパサージュはもう一つの劇場への出入口を有していたからだ。その劇場は、子供向けの演目を中心とするコント氏の子供劇場で、パサージュ・デ・パノラマから一八二八年にモンシニ通りに移転して以来、パサージュ・ショワズールに裏木戸を開いていたのである。この劇場は、一八五五年にジャック・オフェンバックによって買い取られ、以後、ブッフ・パリジャン座として今日も親しまれている。私も、十年程前、ここでマルセル・エーメ原作のミュージカル『壁抜け男』を見て感激したことがある。

しかし、散文的で、ただの通り抜けとしてしか使われていない割には、パサージュ・ショワズールは多くの文学作品に引用されている。

それというのも、このパサージュの二三番地には、一八六五年からアルフォンス・ルメール書店が入居し、多くのパルナス派（高踏派）の詩人や文学者が出入りしたからである。すなわち、シュリ・プリュドム、フランソワ・コペー、バルベイ・ドルヴィイー、ルコント・ド・リール、ホセ・マリア・エレディア、それにヴェルレーヌなどである。ヴェルレーヌは、ランボーに拳銃を発射して収監された牢獄の中で、パサージュ・ショワズールを回想して次のような詩を残している。

ブッフ・パリジャン座の裏口

「過去の匂いを漂わせた
あのパサージュ・ショワズールは、
いまどこにあるのだろう？　一八七〇年の冬、
みんな、そこで楽しんでいた。
私は共和主義者で、ルコント・ド・リールも
同じだった。親しきルメールは右派の執政官で、

画材と文具の老舗ラヴリュ

それぞれが自分の信条を詩句に歌っていた。
ああ、過ぎ去りし日々よ！」

ルメール書店は一九六五年に廃業するまで、この場所から多くの名作を出版しつづけた。

二十世紀に入ると、ほとんどのパサージュはデパートに押されて衰退していったが、ひとりパサージュ・ショワズールだけは、あいかわらずの賑わいを見せていた。近所がビジネスの中心地で、昼休みにここで昼食をとるサラリーマンや女子店員などが多かったからである。一九〇五年に撮影されたとおぼしきパサージュ・ショワズールの写真（口絵③）には、パイプ屋や手袋屋などの広告オブジェが写っていて、かなりの活気を感じさせる。

現在でも、五二番地と七六番地に店舗を構えている老舗の画材店ラヴリュは、以前は、その独特の販売方法と、店員の古めかしいブルーの上っ張りで有名だったが、いまでは、ごく普通の店に変わってしまっている。

しかし、パサージュ・ショワズールが人々の記憶に強く残るに至ったのは、なんといっても、六四番地に骨董店を構えていたデトゥーシュ一家のおかげである。なぜなら、このデトゥーシュ一家の一人息子だったルイ・フェルディナンは、やがて「セリーヌ」というペンネームを使って『夜の果ての旅』『なしくずしの死』という小説を書き、「パサージュ・デ・ベレジナ」の名称のもと、このパサージュを克明に描いたからである。（「パサー

セリーヌの実家が骨董屋を営んでいた頃の写真

ジュを読む」一三九頁参照）

私が現在、このパサージュ・ショワズールで最も頻繁に利用するのは、グラフィック中心のゾッキ本屋「リブリア」で、ここにいくとかなりの割引価格でゾッキに回された本が手に入る。とくに、写真関係の本は、ＦＮＡＣなどの新刊本屋では手に入らなくなったものでもちゃんと見つかるのでありがたい。頑張って欲しい本屋の一つである。

「リブリア」書店と店主

05 パサージュ・デ・パノラマ
Passage des Panoramas

主たる出入口
モンマルトル大通り11番地→サン・マルク通り10番地

昔日の栄光、いまいずこ

パサージュ・デ・パノラマはパリに現存するパサージュの中でも最も古いものに属すると同時に、かつてはパサージュの代名詞となったほど、繁栄を謳歌したことのある老舗である。

建設が始まったのは一七九九年。名前は、モンマルトル大通り側の入口を挟むようにして置かれていた二つのパノラマに由来する。

当時、パリには、フランス革命後の大混乱に乗じて一山当てようと目論むアヴァンチュリエ（山師）たちが群がっていたが、その中に、ウィリアム・セイヤーとロバート・フルトンという二人のアメリカ人がいた。

セイヤーは、一七九八年のトゥーロン軍港の攻防戦で、フランス軍に捕獲されて競売に付されたイギリス艦艇の中に自分の所有船が混じっていたことに抗議し、フランス政府に保証を求める目的でパリにやってきたが、保証金として交付されたのが、国有地としか交換できないアッシニャ国債だったため、とりあえず、ブールヴァール・モンマルトルで売りに出されていた亡命貴族モンモランシー゠リュクサンブール公爵の邸宅と土地を買い取ることにした。

いっぽう、ロバート・フルトンはアメリカでミニアチュアの画家として名を成した後、一七九一年にロンドンに渡って歴史画家としての経験を積んだが、フルトンはどうやら画家としてよりも発明家としての才能に恵まれていたらしく、蒸気船のほかに、潜水艦と魚雷という新兵器も発明していた。ところが、潜水艦と魚雷はイギリス軍に売り込んでも相手にしてもらえないため、その敵であるフランス共和国にアイディアを買い取ってもらおうとパリにやってきたのだ。一七九九年のことである。

ところが、潜水艦と魚雷の売り込みが功を奏さないので、資金繰りが苦しくなったフルトンは、トランクの底に詰め込んでいたもう一つのアイディアの売却で、急場をしのぐことにした。そのアイディアとは、スコットランド人の画家ロバート（ジョゼフ？）・バーカーが発明したパノラマで、フルトンは彼から、その特許輸出許可（十年期限）を譲り受けていたのである。

パノラマの買い手はすぐに現れた。モンモランシー＝リュクサンブール公爵の邸宅跡地の使い方を検討していたセイヤーである。ブールヴァール・デ・ジタリアンが盛り場の仲間入りをした以上、その隣のブールヴァール・モンマルトルにパノラマを建てれば人気沸騰は間違いなしとにらんだのである。セイヤーは、モンモランシー＝リュクサンブール公爵宅跡の整地が済むまでのあいだ、キュピュシーヌ大通りにあるカプチン会修道院跡に模擬的なパノラマを建てて様子を見た後、一七九九年の末からブールヴァール・モンマルトルに本格的なパノラマを二つ続けて建築することにした。

このとき、セイヤーの頭に、もう一つのアイディアがひらめいた。双子のパノラマの間に、折から流行の兆しの見え始めていたガラス屋根のパサージュを通し、サン・マルク通りからの客も呼び込もうと考えたのである。アイディアはただちに実行に移され、パサージュはパノラマとほぼ同時に完成した。一八〇〇年の初頭のことである。

長い社会的混乱がナポレオン・ボナパルトの第一執政就任で終止符が打たれ、平和な時代が到来したことを直感した民衆たちは、アミューズメントとショッピングが合体したこの複合施設に群れをなして押し寄せた。

二つ並んだパノラマ。左手はヴァリエテ座

パサージュ・デ・パノラマは初期のパサージュによくあるように、単純な構造で、両脇を支える建物も二階しかなく、ガラス屋根も単層構造で、当初は、パレ・ロワイヤルのギャルリ・ド・ボワと同様、骨組みは木造だった。また、パサージュの歩道の幅も後代のパサージュに比べるとかなり狭い。

　しかし、開業当時は、ギャルリ・ド・ボワを除くと、雨風にさらされずに買い物や散策が楽しめる施設はパリにはまだ珍しかったので、パサージュ・デ・パノラマはグラン・ブ

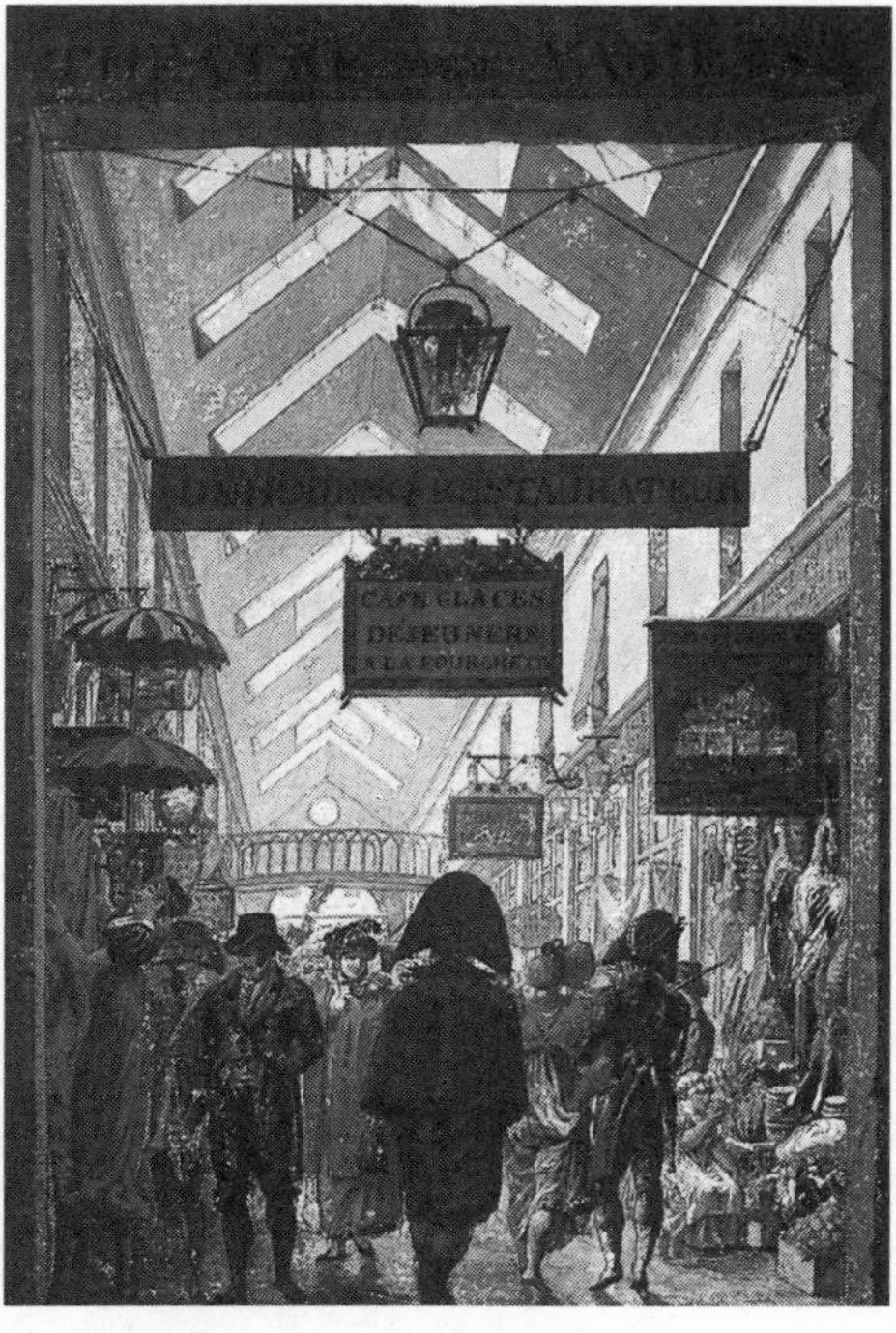

王政復古期のパサージュ・デ・パノラマ

ールヴァールでも一、二を争う人気施設となった。テナントとして入居した店もみな一流店ばかりだったこともあって、昼夜を問わずに人の波が押し寄せた。

一八〇七年にはモンマルトル大通りの右隣にヴァリエテ座がパレ・ロワイヤルから移転してきて開場し、パリでも有数の人気劇場となったが、このヴァリエテ座の人気も人出を加速した。

さらに、一八一五年のワーテルローの戦いでナポレオン戦争が終わり、王政復古の平和な世の中になると、人々は、「パンとサーカス」を求めて、パサージュ・デ・パノラマに殺到した。その繁盛ぶりは当時のあらゆる風俗観察に記録されている。たとえば、王政復古期の一八二五年に出版されたモンティニーの『パリの田舎人』にはこうある。

「機を見るに敏な投機家たちが開発したあらゆるパサージュの中で、パサージュ・デ・パノラマほど人気を集めているところはない。（中略）

ひとつ、このパサージュを訪れておおいに楽しむとしよう。

まず、素晴らしいバザールにモンマルトル大通りから入って、左側から見ていくと、大通りとの角にあるのがカフェ・ヴェロン。その装飾はどれも趣味の良さで輝いている（これが特徴なのでしっかりと観察しておくこと）。客はかならずやこの美しいカフェから出ていくことになるだろう。（中略）

名店カフェ・ヴェロンがあった場所にはステーキ・チェーンのヴィクトリア・ステーション が入っている

そのすぐ隣に控えているのは、クールランド公爵夫人のお菓子屋である。そこには、ありとあらゆる種類の甘いお菓子が並べられている。（中略）
次は、ブーツ屋と手袋屋の前を通りすぎ、シュスの店の前で立ち止まることとしよう。ここは、とびきり上等の文房具屋である」

こんな調子で、一八二五年のパサージュ・デ・パノラマの詳細ガイドは続いていく。いくつか挙げておけば、マダム・ラポストールの麦藁帽子店、高級菓子店のミルロ、ケーキ店のノエル、サロン・ド・テのマルキなどである。

とくに、モンティニーが言及している文房具屋シュスはたいへん有名で、文房具のほかに、骨董やら版画やら人形など、「自分の商売と関係ないものならなんでも売る」とアレクサンドル・デュマをして言わしめたほどの万屋《よろず》だった。デュマはこの店で六百フランで買ったドラクロワの『狂人の檻のタッソー』を一万五〇〇〇フランで転売したと『回想録』の中で自慢している。

シュスは、彫刻家のダンタンが製作した有名人（ユゴー、バルザック、デュマ、ベルリオーズ、リストなど）のカリカチュア人形を販売していたことで知られる。このカリカチュア人形については、私が『愛書狂』（角川春樹事務所）に書いた一文があるので、それを転載しておこう。

「『十九世紀ラルース』によれば、石膏でできたこのカリカチュア人形の作者であるダンタン・ジューヌ、本名ジャン・ピエール・ダンタンは一八〇〇年にパリで生まれ、二歳上の兄と同様、彫刻家ボジオに弟子入りして、まずアカデミックな彫刻家としてデビューした。ところが、あるとき、アトリエで披露した有名人のカリカチュアがあまりに好評なので、それを彫塑で表現し、見本の石膏人形を二つほどシセリのサロンに展示したところ、これが大変な人気を呼んだ。そこで、今度は、ユゴー、バルザック、スーリエ、ロッシーニ、ベルリオーズ、オラース・ヴェルネなど、当代の有名作家や芸術家、政治家などのカリカチュア人形をつくって、これをパサージュ・デ・パノラマのシュスという文房具店のショー・ウィンドーに『ダンタノラマ』と称して陳列した。はたせるかな、シュスのウィンドーの前は、パリ中からやってきた見物客で押すな押すなの大混雑となった。やがて、シュスの『ダンタノラマ』に自分の人形が並ぶことが有名人（セレブリテ）の証明といわれるまでになったため、有名人たちは争うようにダンタンのところにやってきてポーズを取ったといわれる。

好評を博した石版画

しかし、そうなると、石膏人形はいくらつくっても間に合わないので、ダンタンは一計を案じて、石膏人形を石版画で描いて、これを販売することにした。しかし、それでも需要に追いつけないので、今度は、百体の人形を、テオドール・モリセに木口木版で起こさせ、これに簡単なモデルたちの伝記を添えて一冊の本にすることを思いついた。こうしてできあがったのがこの『ミュゼ・ダンタン』である」

このほか、初期のパサージュ・デ・パノラマの売り物の一つに、コント氏が一八一八年に作った子供劇場というのがある。子供劇場では、モルモットを使って演技をさせるサヴォワの曲芸師などが出演していたようだ。先に引用したモンティニーの『パリの田舎人』には、こんな紹介がなされている。

「かくもうるさく遊びまわっているこのモルモットたちはなんなのだ。静かに！　彼らこそ、この劇場の役者たちなのだ。気高き父親とは、ケーキに食らいついているモルモットであり、その小さな娘がコケットな主演女優なのである」

コント氏の子供劇場は、一八二六年にパサージュ・ショワズールが完成すると、そちらに移転していった。

パサージュ・デ・パノラマのもう一つの売り物となったのが、イギリス人のウィンザーが一八一六年にロンドンからもたらしたガス灯である。ウィンザーは、パサージュ・デ・パノラマの一角に試験的にガス灯を設置してPRにつとめたが、その甲斐あって、ガス灯はパリ市当局に徐々に採用され、街角を明るい照明で照らすようになる。

パサージュ・デ・パノラマの最初の危機は、一八三一年に訪れた。というのも、「チュイルリから見たパリ全景」から始まって「トゥーロンの奪回」「ブローニュの陣地」「ナポリ風景」「ティルジットの会見」「ワグラムの会戦」など、いろいろと趣向を凝らしてきたパノラマも、ときがたち驚きが減じてくると客足が落ち、やがては閑古鳥が鳴くありさまとなって、ついに取り壊しが決定したからである。

だが、パサージュ・デ・パノラマは、その名の由来であるアミューズメントを失った後もなんとか持ちこたえた。

その原因としては、一八三〇年代から、盛り場の覇権が、パレ・ロワイヤルからグラン・ブールヴァールに移ったことがあげられる。とくに、ルイ・フィリップの娼婦追放令以後は、パレ・ロワイヤルにいた娼婦たちが皆、グラン・ブールヴァールに移り、パサージュ・デ・パノラマを客引きの拠点にしたことが大きく関係している。

もう一つは、パサージュ側の営業努力である。すなわち、経営者のセイヤーは、ヴィヴィエンヌ通りがグラン・ブールヴァールまで延長されたのに伴って、パサージュに四本の

ランジェリー・ショップ「アン・フィル・ア・ラ・パット」のマネキン

支脈（ヴァリエテ歩廊、フェイドー歩廊、サン・マルク歩廊、モンマルトル歩廊）を設け、ヴィヴィエンヌ通り、モンマルトル大通り、サン・マルク通り、モンマルトル通りの四本の通りのいずれからでもパサージュに入れるようにしたのである。このおかげで、パサージュからヴァリエテ座の楽屋口に入れるようになった。

　また、改装のさいに、木製だったガラス屋根の骨組みも鉄製に変えられ、照明にもガス灯が採用された。

　こうしてリニューアルされたパサージュ・デ・パノラマには、消費文化の進展に伴って興隆してきた女性用小物の店、すなわち、帽子店、手袋店、ショール店、装飾品店、靴店、香水店など、ようするに、やがてデパートの一階売り場に陣取るような商品を扱うブティックが軒を並べて、バルザックのいうところの「商品の歌」を奏でたので、その歌に惹きよせられた若い娘たちがウィンドー・ショッピングを楽しむようになったのである。

すると、今度は、そうした娘たちを引っかけようと、ナンパ師の群れが現れるようになる。アルフレッド・デルヴォーは『パリの歓楽　挿絵入り実践ガイド』の中で、パサージュ・デ・パノラマにはパリおよび地方からブティックの贅沢品を眺めにやってきた男女のカップルが多いとしながらも、ついでにこう指摘している。

「同じように、いわゆるナンパ師と呼ばれる独身者がかなりの数いる。これらのナンパ師は、若いこともあれば、年とった場合もあるが、どちらかといえば年寄りの方が多い。彼らは、偶然知り合いに出会って疑いをかけられるのを避けるため、本当なら、付け鼻ででも変装したいところなのだろう。サン・グラスをかけて正体を隠そうとしている。彼らの眼は、仕事帰りにこのパサージュを通る若い女子工員たちを見つけて、怪しい光を放つことになるが、サン・グラスはこの光を覆いかくすのに役だっている」

パサージュ・デ・パノラマでしばしば観察された人種に、ヴァリエテ座の女優と親しくなろうとして（あるいは親しくなった後、捨てられてしまい、よりを戻そうとして）、ヴァリエテ座に通じる歩廊で女優が楽屋口から出てくるのを待ち伏せしているパトロン志願者（あるいは元パトロン）がいた。ゾラが一八六七年頃に時代を設定している『ナナ』には、この種の女優のパトロン（元パトロン）の一人であるミュファ伯爵がパサージュの中でうろつく様が克明に描かれている。（「パサージュを読む」二三六頁参照）

パサージュ・デ・パノラマは、第三共和政下にデパートが出現し、パサージュ人気に陰りが見え始めた後も、グラン・ブールヴァールに位置するというロケーションの良さでかろうじて生き残ったが、後述のパサージュ・ジュフロワに比べると、人出はだいぶ少なくなっていた。グラン・ブールヴァールでも、南側よりも北側の方に人気が集まっていたためである。

とはいえ、第一次大戦までは、盛り場の覇権があいかわらずグラン・ブールヴァールにあったので、パサージュ・デ・パノラマもパリを訪れた観光客が必ず訪れる人気スポットの一つであり続けた。一九〇八年に、後にカルナヴァレ美術館の初代館長となるパリ史の第一人者ジョルジュ・カンは、「フィガロ」紙に寄稿した記事の中で、「いずれにしろ、パサージュ・デ・パノラマがいまだに人気を保っているのは驚きである」と記している。また、一九一二年にも、「ゴロワ」紙の特集記事「パリのパサージュ」は、「おそらく、パリのパサージュの中で、かつての栄光のいくばくかを保っているのは」パサージュ・デ・パノラマだろうと書いている。

だが、第一次大戦の勃発と同時に、その最後の繁栄の灯も消えてしまう。グラン・ブールヴァールの名物となっていた有名なカフェやレストランが次々に店を閉じ、グラン・ブールヴァール自体が銀行街と化してしまったからである。

一九二八年にパサージュ・デ・パノラマを訪れたマルセル・ザアールは、「アール・ヴィヴァン」誌に寄せた「パリのいくつかのパサージュの様相」という記事で、こう描写している。

「真夜中になるよりもはるか前に、どの店もカーテンを引いてしまい、パサージュに深い闇が訪れる。そのときのパサージュ・デ・パノラマはなんとメランコリックであることか！　天井から吊るされた丸いランプの球は月よりも青白い。そのみすぼらしい光が、ぼろぎれ、紙類、それに水の流れていたゴミ箱など、日中の残骸の上にゆらゆらと揺れている」

この様子は、基本的に現在も変わっていない。とくに、後から作られた支脈の歩廊においては、寂れ方はザアールが書き留めたように「メランコリック」であり、ある種、陰惨である。つまり、品よく寂れているというのではなく、下品な寂れ方をしているのである。

それは、入居している店舗が、エスニック系のレストランであったり、三流のファース

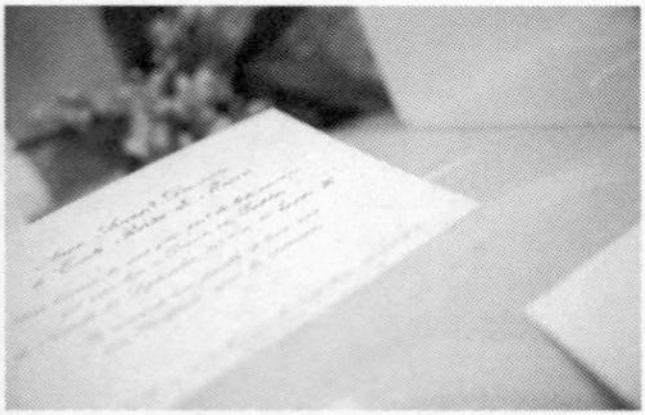

名刺・封筒・招待状印刷の老舗ステルヌの看板（左）とステルヌの印刷見本

ト・フード店であったり、古着店であったりするためだが、しかし、それでも、かつての栄光をしのばせる店は何軒か残っている。

その代表的な一軒が、名刺や封筒、招待状、メニューなどを活版で印刷する「ステルヌ」である。ステルヌはパサージュ・デ・パノラマとともに二百年の歳月を刻んできた老舗で、その店構えは一八三四年の改装の頃からほとんど変わっていない。ヨーロッパ各国の宮廷や政府は、舞踏会や夜会を催すときにはいまだにこのステルヌに招待状の印刷を依頼するし、ミシュラン三つ星のレストランはここで作ってもらったメニューでなければ、格を落とすとさえ言われている。私も、いずれ、記念パーティーでも開くときには、このステルヌに招待状を発注したいと思っている。

最後に、言い忘れたことを付け加えておこう。

パサージュ・デ・パノラマは、競売場のドルオー会館が近いということもあって、古切手、古コイン、古絵葉書などの店が多く集まる「コレクターズ・メッカ」となっており、この手の趣味を持つオタクたちにとっては、パサージュ・デ・パノラマは外すことのできない巡礼の地として崇《あが》められている。こうした特異な愛好家たちの生態を観察してみたいと思うむきは、一度、散策を試されたらいかがだろう。

古切手と古絵葉書の店が多い

06 パサージュ・ジュフロワ

Passage Jouffroy

モンマルトル大通り10・12番地→
グランジュ＝バトゥリエール通り9番地

シュルレアリストの聖地を歩く

人が現在、パサージュという言葉から連想するのに最もふさわしいパサージュである。すなわち、適度に寂れ、適度に古び、適度に賑わい、適度に繁盛し、適度に清潔で、適度に品格のあるパサージュで、ノスタルジーと購買欲をほどよく刺激するブティックが並んでいる。ギャルリ・ヴィヴィエンヌやギャルリ・コルベールのように復元的な改装を施されることもなく、また、かといって、ギャルリ・ヴェロ＝ドダやパサージュ・デ・パノラマのようにうらぶれて荒廃することもなく、創業当時の華やかな雰囲気をそのまま残している数少ない例といえる。

パサージュ・ジュフロワが開通したのは一八四七年の二月のこと。パリのパサージュの中では最も遅い部類に属する。

開発母体となったのはパサージュ・ジュフロワ会社。ジュフロワという名前は、この共同出資会社の一員として建築家のジュフロワという人物が加わっていたことから来ている。このジュフロワ氏は、フルトンと同じ時期に蒸気船を発明しながら、特許競争で一敗地にまみれたジュフロワ・ダバンス侯爵の息子である。モンマルトル大通りを挟んで建つパサージュ・デ・パノラマが、先述のようにフルトンと関係しているのだから、二つのパサージュは不思議な因縁で結ばれていることになる。

それはさておき、パサージュ・ジュフロワが、パサージュ・デ・パノラマの「延長」として計画されたことは、その出入口がモンマルトル大通りを間にして「対面」していることからも明らかである。

しかし、当初、パサージュ・ジュフロワは、むしろ、一八三七年に証券取引所からブールヴァールまで伸びたヴィヴィエンヌ通りの「延長」として計画されていたらしい。だが、一八四四年には、計画が変更され、いまのような位置に置かれることになったのである。

なお、パサージュ・ジュフロワ会社のメンバーの中には、パサージュ・ヴェルドーの由来となったヴェルドー氏の名前が見えるが、この事実は、パサージュ・ジュフロワとほぼ同時期に開通したパサージュ・ヴェルドーが、同じ設立母体によって構想されていたことを雄弁に物語っている。

パサージュ・ジュフロワのモンマルトル大通り側の入口には十九世紀の初めまで五階建ての建物があり、トルコ大使館が入居していた。次いで、その建物はロシアの富豪の所有となり、一八二〇年代にはオペラ座などグラン・ブールヴァールに面する劇場の俳優や歌手が多く住んだ。一八三六年にこの建物は取り壊され、大きなホテルが建設されたが、パサージュ・ジュフロワは、当初、「グラン・トテル・ド・ラ・テラス・ジュフロワ」と呼ばれたこのホテル（現在はホテル・ロンスレー）のファサードの真ん中を貫通するかたちで開通することとなった。

しかし、困ったことに、開発会社が所有していた土地は、グランジュ゠バトゥリエール通りに直線的に伸びるのではなく、クランク軸のように、途中でL字形に折れ曲がっている複雑な地形をしていた。さらに、グランジュ゠バトゥリエール通りとの間に段差もあった。そこで、設計を担当したデタイエとロマン・ド・ブールジュは一計を案じ、モンマルトル大通りからできる限りまっすぐにメインのパサージュを造った後、突き当たりで左折し、再び右折して、グランジュ゠バトゥリエールに出るように図面を引いた。段差は、このクランク曲がりの部分に階段を設けて解決することにした。

結果的には、この苦肉の策が、パサージュ・ジュフロワを単調さから救い、散策に適したパサージュにしたのである。

もう一つ、パサージュ・ジュフロワにとって幸いしたのは、他のパサージュに比べて建設が遅れたため、建築資材の進化が進み、ガラス屋根を支える骨組みが鉄へと変わったことである。この変化のおかげで、ガラス屋根は、単純な切り妻ではなく、魚の背中のような独特の丸みを帯びた形を採用することが可能になり、パサージュ内部にふんだんに光を取り入れることができたのである。

また、パサージュ・デ・パノラマなどに比べて、パサージュの道幅を広く取っているため解放感があり、散策していても圧迫感がない。これもまた、あとからできたパサージュだからこそ可能になった特徴である。

　こうした後発の利点は一八四七年の開通と同時に利用者たちから感知されたようで、パサージュ・ジュフロワは押すな押すなの人出となった。十九世紀中頃に描かれた風俗版画には、パサージュ・ジュフロワの入口で渋滞している群衆がしばしば描かれている。

　パサージュ・ジュフロワは、第二帝政から第三共和政の前半にかけての時期、すなわち、グラン・ブールヴァールがパリはおろか、ヨーロッパ全体の「盛り場」として君臨していた時期に、軌を一にするように全盛を迎えた。その繁盛ぶりは、一八六七年のパリ万博のさいに盛り場案内として出版されたアルフレッド・デルヴォーの『パリの歓楽　挿絵入り実践ガイド』に詳しい。


「パサージュ・ジュフロワは、散策者（フラヌール）の群れでごったがえしているので、毎日、午後四時からは、行き交う人々の波をかき分けるには断固として、また真剣に肘を使わなければならない。なにしろ、人の波は、ドーヴァー海峡のニシンのようにびっしりと隙間なく詰まって押し寄せてくるからである。（中略）さて、私がこうした描写をしても、それが雨の日のことではない点に注意していただきたい。雨の日には、このパサージュを通り過ぎることは不可能なのである。前進しているつもり

パサージュ・ジュフロワの諸相。右中はオテル・ショパンの上の時計とガラス天井。左上はグルニエ・ア・リーヴルの賑わい。木馬があるのはパン・デピス（左中）

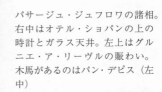

が後退しており、半時間かけてようやくパサージュの中ほどまで来たかと自画自賛していると、その半時間後には、人の波に押しまくられ、一時間前に入ったはずのブールヴァールの入口まで押し戻されているのである」

アルフレッド・デルヴォーは、いったいなぜこれほどの人出があるのだろうかと自問し、おそらく、毎日ここに散策に来る人々もその理由を知らないだろうと答える。つまり、人々は、ここを待ち合わせの場所に指定し、出会えないことを心配することなく、適当にやってきては、ぶらぶら歩きを楽しんでいるのだろうと推測するのである。デルヴォーはさらに、目ざとい風俗観察家らしく、次のような人々がこのパサージュの常連であることを指摘している。

「ブールヴァールの常連の女性たち、あるいは少なくとも常連の女性の大半は、ブレダ・ストリートという愛の島の高台から下ってくる途中に、このパサージュを通過するのを常としている。そして、彼女たちはその戦闘的な化粧法においてかくも挑発的であるため、これら流しの女たちの歩くあとからは、彼女たちをできる限り近くから眺めようと、そして、彼女たちと名刺交換に等しい視線の交換を行おうと、鼻下長族がひしめき合いながら付いてくるのである」

ほのめかしの多い文なので分かりにくいが、ようするに、粋筋の女性たちが多く住む新興住宅地であるブレダ通りから、派手な化粧をした私娼たちが、その戦場たるグラン・ブールヴァールへと下ってくるとき、パサージュ・ジュフロワは彼女たちの通り道になっているので、私娼目当ての男たちもまた、ここに集まってくると言っているのである。

アルフレッド・デルヴォーは続けて、パサージュ・ジュフロワの賑わいは、ここに他のパサージュにはないような「ディネ・ド・パリ」「ディネ・デュ・ロシェ」「ディネ・ジュフロワ」という三軒のレストランがあるためでもあると指摘しているが、これらは、高級なレストランというよりも、むしろ定価（プリ・フィックス）を売りにする大衆店であった。

モンマルトル大通りから、パサージュの中に入ると、まず左側にあるのが、「バザール・ウーロペアン」という、安ぴかのパリ小物（アルティクル・ド・パリ）の店があった。今日では、ここに、インド風（中国風）の安物衣料を売る店があるのは、その精神を受けついだためだろうか？

それはさておき、今日との比較で注目すべきは、十九世紀には、この「バザール・ウーロペアン」の地下には、シャンソン詩人のギュスターヴ・ナドーが歌に詠んだ「バル・モンマルトル」というダンスホールがあったことである。このダンスホールは、後にマリオネットや手品を見せる小劇場に変わり、一八六〇年からは、影絵芝居を上演する「セラファン劇場」となった。次いで、この劇場は再びマリオネットを上演する「パス・タン」という名の劇場となり、一八七三年からは「テアトル・ミニアチュール」という六十センチの人形ばかりを使った子供向けの劇場に転じた。「テアトル・ミニアチュール」は一八九五年に廃業し、そのあとには、「プチ・カジノ」というカフェ・コンセールが入った。このカフェ・コンセールは一九五〇年ころまで存在したが、最後は映画館となってスペクタクル施設としての幕を閉じた。

だが、パサージュ・ジュフロワの呼び物となったのは、こうした地下劇場ではなく、一八八二年から入口の左に隣接する建物に入居して、今日に至っている「ミュゼ・グレヴァン」だろう。グレヴァンは、ナダールやギュスターヴ・ドレと同時代にシャルル・フィリポンの「ジュルナル・アミュザン」などで活躍したイラストレーターだが、「ゴロワ」紙で、時の有名人のカリカチュアを発表したところ、これが好評を博したので、その経営者であったガブリエル・トマが、グレヴァンにカリカチュアを人形で作って並べることを勧めた。おそらく、トマの頭には、パサージュ・デ・パノラマのシュスで成功を収めた「ダンタノラマ」があったにちがいない。この人形館のアイディアは大成功を博し、「ミュゼ・グレヴァン」はパサージュ・ジュフロワの名物となったが、トマはそれだけで満足することなく、ミュゼの中に小劇場を設けて、エミール・レイノーの考案になる「光のパントマイム」を上演したが、これは五百コマから七百コマからなるアニメーションにほかな

オテル・ショパンの入口とミュゼ・グレヴァンの出口

らず、「グラン・カフェ」におけるリュミエール兄弟のシネマトグラフの先駆けとなる画期的な出来事だったのである。この小劇場は今日でもミュゼ・グレヴァンの中にあり、入場者はそこで手品を見学することができる。

しかし、パサージュ・ジュフロワの繁栄は、グラン・ブールヴァールのそれを越えてまでは続かなかった。すなわち、第一次大戦の勃発とともに始まったグラン・ブールヴァールの衰退は、ある意味、その中心的盛り場であったパサージュ・ジュフロワを巻き込まざるを得ず、大戦の終わった一九二〇年代には、人の波はすでに、オペラ座裏の二軒のデパート、ギャルリ・ラファイエットとプランタンの方へ向かって流れていた。

その結果、一九二〇年代には、さすがのパサージュ・ジュフロワも衰退の一途をたどらざるを得なくなり、テナントも人通りが少なくてもやっていける骨董的な業種へと変わっていくことを余儀なくされた。そして、それとともに、そこで売られている商品も現実的な使用価値を失い、超現実的な礼拝的な価値を帯びるに至ったのである。

だが、まさに、この瞬間に、アンドレ・ブルトンやルイ・アラゴンらのシュルレアリストたちが賛美してやまない、突飛《とっぴ》（アンソリット）で両義的（エキヴォック）な魅力がパサージュ・ジュフロワに出現したのである。

こうした時代の繁栄に取り残された「過去未来」の夢の痕跡については、かつて私が、パサージュ・ジュフロワに触発されて書いた「シュルレエルな夢——パサージュ」という

夕暮れ時のパサージュ・ジュフロワは、照明が灯り一段と美しくなる

一文（本書「あとがきに代えて」）を参照していただきたい。パサージュ・ジュフロワの魅力とは、ベンヤミンのいう「集団の夢」が、フォルマリン漬けにされた標本のように、そのまま保存されているところにあることをご理解いただけるにちがいない。

現在、パサージュ・ジュフロワは、ベンヤミンの『パサージュ論』に始まるレトロ・モダン的な見直しの風潮によって、かつてのような「落魄《らくはく》の魅力」を失いつつあるが、入居している店舗の協定で業種が固定されているため、パサージュ・デ・パノラマのようなアナーキーな乱雑さには堕《だ》していない。これだけは、パサージュ愛好家にとっての救いである。

パサージュ・ジュフロワで訪れる価値のある店をあげておくと以下の通り。十四番地の万年筆専門店「セナック」。三〇番地、三二番地のサロン・ド・テ「トゥール・デ・デリス（「ル・ヴァランタン」）」、三四番地のステッキ専門店「スガ」。三五番地と三七番地の玩具と子供服の店「パン・デピス」、三九番地の贈り物用の雑貨小物の店「パン・デピス二番店」、四五番地から五三番地の映画パンフレット・ポスター専門店「シネドック」、四八番地から六二番地にかけてのグラフィック関係専門本「グルニエ・ア・リーヴル」（「リブレリ・ポール・ヴュラン」の後身）、それに四六番地の二つ星ホテル「オテル・ショパン」などである。この「オテル・ショパン」に宿泊するなら、四〇九号室をお薦めする。窓からパサージュの屋根とミュゼ・グレヴァンのドームを見ることができる。

07 パサージュ・ヴェルドー

Passage Verdeau

グランジュ＝バトゥリエール通り6番地→
フォーブール＝モンマルトル通り31番地

愛すべきは落魄の味

兄弟パサージュであるパサージュ・ジュフロワと比べると「うらぶれ」感が強いが、「落魄の味」を最上とするパサージュ・マニアには、たまらない魅力をたたえたパサージュである。通好みのパサージュ。

パサージュ・ヴェルドーは、先述のように、パサージュ・ジュフロワと同じ開発母体によって造られた。また設計も、ジャック・デシャンが加わってはいるものの、基本のコンセプトはデタイエとロマン・ド・ブールジュによってなされている。そのため、二つのパサージュは構造的には非常によく似ている。すなわち、鉄骨の骨組みで全体を作り、ガラス屋根は、魚の背骨のような丸みを帯びたマンサード形で、ガス灯も最初から天井に吊るされていた。

ただ、開業の時期は、パサージュ・ジュフロワに比べて若干早かったようである。参考資料によっては、パサージュ・ヴェルドーの開通を一八四六年としているものがあるが、それは、たぶん、パサージュ・ジュフロワの工事が敷地の複雑さによって遅れたことに起因していると思われる。

このパサージュに名を残すヴェルドー氏とは、レストランやホテルにシーツやテーブル・クロスをレンタルするシステムを考案したことで知られるアイディアマンである。

このように、パサージュ・ヴェルドーは、パサージュ・ジュフロワとワン・セットで兄弟パサージュとして開発されたが、残念ながら、兄（弟？）が享受した人気は、開業当初から弟にまでは及ばなかったようである。

その原因ははっきりしている。

パサージュ・ジュフロワの入口が当時最大の繁華街であったグラン・ブールヴァールであったのに対し、パサージュ・ヴェルドーは、一つ奥に入ったグランジュ゠バトゥリエール通りであったこと。パサージュ・ジュフロワに入った客は、グランジュ゠バトゥリエール通りまでくると、そこを横切ってパサージュ・ヴェルドーに入ることなく、グルリと回れ右して、パサージュ・ジュフロワをグラン・ブールヴァールの方に引き返してしまったのである。

そのため、パサージュ・ジュフロワの押すな押すなの大混雑に比べて、パサージュ・ヴェルドーは嘘のように静まりかえり、よくいえば落ち着いた、悪く言えばガランとした雰囲気をつくり出していたようである。

先に引用したアルフレッド・デルヴォーは『パリの歓楽　挿絵入り実践ガイド』の中で、パサージュ・ヴェルドーをパサージュ・ジュフロワと比較しながら、一八六七年にこうレポートしている。

「パサージュ・ヴェルドーは、パサージュ・ジュフロワの続きであり、グランジュ゠バトゥリエール通りを渡ればそこに到着するのだが、その双子の兄弟のような繁栄を享受しているとは言い難い。パサージュ・ジュフロワに人が群がっているその分、パサージュ・ヴェルドーは閑古鳥が鳴いている。とはいえ、それは、パサージュ・ジュフロワと同じように感じのいいパサージュではあるのだ。そう、たしかにそうではある。しかし、やんぬる哉《かな》、ある一点で両者は大きく異なる。パサージュ・ジュフロワは、グランジュ゠バトゥリエール通りを終点にしているにしても、その始まりはモンマルトル大通りにある。いっぽう、パサージュ・ヴェルドーはグランジュ゠バトゥリエール通りが起点で、終わりは、どこかの名の知れぬ通りである。つまり、パサージュ・ヴェルドーは、たんなるパサージュ（通り抜け）にすぎない。対するに、パサージュ・ジュフロワは人が散歩する道なのである」

しかし、こうして、出来たときから寂れたせいで、パサージュ・ヴェルドーは、変な言い方かもしれないが、「寂れ方」において成熟し、素人の散策者（フラヌール）を寄せ付けない、フラヌリのプロが好む「渋い」パサージュとして年輪を重ねてきている。

多少、差別的な発言を許していただくなら、パサージュ・ジュフロワが女性雑誌の「パサージュ特集」を見て訪れた観光客の好む傾向に染まっているのに対し、パサージュ・ヴェルドーは、女・子供など無用の、筋金入りのオタクの殿堂といった感じがする。しかも、そのオタクというのも、その道何十年のオタク道一筋の「重要文化財」的なオタクであり、それこそ、バルザックの小説に出てくるポンスのような、業《ごう》の深いオタクなのである。

それを象徴するのが、パサージュ・ヴェルドーにある二軒の古書店「ロラン・ビュレ」

向かいのカフェから眺めた古書店「ロラン・ビュレ」（上）と、コアなファンに人気の古書店「ファルフーユ」

と「ファルフーユ」である。

「ロラン・ビュレ」（六番地）は、まだバンド・デシネ（B・D）、つまりフランスの漫画が子供相手の屑本としか認識されていなかった時代からここに店をかまえ、初のバンド・デシネ専門古書店として、この分野の草分けとなった。今日では、パリ中のいたるところにB・D古書の専門店があるが、「ロラン・ビュレ」はその輝ける第一号なのである。いっぽう、「ファルフーユ」（二七番地）は素人目にはただの屑本屋としか見えないが、じつは、プロの古書コレクターからは一目も二目も置かれた本屋なのである。というのも、「ファルフーユ」でしか手に入らない本というものが存在するからである。とくに、年に一回発行される「全集端本特集号」は、コアなファンからは熱い期待を寄せられている。私も、これで欠本のあった全集を何種類か「完本」にした思い出がある。

その他、世界中の古カメラ愛好家のメッカと化している「フォト・ヴェルドー」（十六番地）、古絵葉書や古ポスターの専門店「ラ・フランス・アンシエンヌ」（二六番地）など、パサージュ・ヴェルドーは、競売場「ドルオー会館」の別館であるという評判はまんざらウソではないようだ。

多くのヴィンテージ写真が並ぶ「フォト・ヴェルドー」（上）。通りには古版画屋や古絵葉書屋が並ぶ

08 パサージュ・デ・プランス

Passage des Princes

ブールヴァール・デ・ジタリアン5番地→
リシュリュー通り97・99番地

オープン一カ月で暗転したバラ色の未来

十九世紀のパサージュ建設フィーバーの掉尾《ちょうび》を飾るパサージュ。建設は第二帝政期の一八六〇年。建築主は第二帝政の地上げと金融・鉄道戦争の主役として、ゾラの『金銭』や『獲物の分け前』などのモデルの一人ともなった銀行家のミレス。ミレスは、ブールヴァール・デ・ジタリアンとリシュリュー通りを結ぶこの角にパサージュを造れば、リシュリュー通りの金融街とパリ最大の繁華街であるブールヴァール・デ・ジタリアンを直結し、消費者を呼び込むことができると踏んだにちがいない。

もう一つの狙いは、パサージュ・ジュフロワがパサージュ・デ・パノラマの延長となることで人出を呼びこんだのにならって、当時、ブールヴァール・デ・ジタリアンの反対側にあったパサージュ・ド・ロペラの延長となることを目論んだのである。

パサージュ・デ・プランスという名称は、ここにオテル・デ・プランス・エ・ド・ルーロップという高級ホテルがあり、それをミレスが買収したことによる。ミレスは、セーヌ県知事のオスマンが新築パサージュ許可の条件として課した完全鉄骨化やガス灯の配備などすべて満たした豪華なパサージュを開くと豪語して、建設に踏み切った。

　こうして、パサージュ・デ・プランスは一八六〇年の九月に華々しくオープンした。時代は第二帝政バブルの絶頂期で、消費文化はその頂点を極めようとしていた。新しいパサージュにはバラ色の未来が用意されているように見えた。

　ところが、オープンから一カ月後、カタストローフが襲う。ミレス銀行が突然、倒産したのだ。そればかりか、ミレスが業務上背任などのかどで逮捕され、マザス刑務所に収監されてしまったのである。

　そのため、「パサージュ・ミレス」と呼ばれていたこの新興パサージュはふざけて「パサージュ・マザス」と呼ばれるようになる。

　パサージュ・デ・プランスの権利は債権者のコンパニ・ダシュランス・ジェネラル（今日のＡＦＧの前身）に移り、ここ

美しいステンドグラスのあるロトンド

が経営母体となるが、一度ケチのついたパサージュに人出は戻らなかった。ギャルリ・コルベールの場合と同じように、豪華だが、どこか冷え冷えする印象が大衆に嫌われたのかもしれない。アルフレッド・デルヴォーは、一八六七年に、早くもこう書いている。

「パサージュ・デ・プランスは、ミレス氏が金融界で羽振りをきかせていた頃にはパサージュ・ミレスと呼ばれたところだが、パサージュ・ジュフロワやパサージュ・デ・パノラマとは異なり、ほとんど人通りがない。パサージュ・ヴェルドーと同じように閑古鳥が鳴いているのである。ブールヴァールの姫君たちもここを好まない。むしろ、彼女たちとは無縁のまっとうな散策者たちにことのほか好まれているようである」（『パリの歓楽　挿絵入り実践ガイド』）

このパサージュの「まっとうな」雰囲気は一八七八年に万博を当て込んで出版された『パリのブールヴァール』という、マルシアル・ポテモンの挿絵の入った案内書でも強調されている。

「パサージュ・ド・ロペラの正面にあるパサージュ・デ・プランスはなんという品の良さだろう。いかがわしいバサールを思わせるものとてなく、人を不安にさせるような私娼とて一人もいない。パサージュ・デ・プランスは、快楽のためにあるのではなく、商業のために生きている。このパサージュの真ん前にあるディスデリの写真スタジオに出掛けてポートレートを撮ってもらってから、あの有名な銀行家のミレスに会いにパサージュに出掛けた新顔女優がいたと皆が噂したあの時代はどこにいってしまったのだろう」（ザヴィエ・オーブリエ）

しかし、これだけ「健全さ」を強調されるようなパサージュに人気が集まるわけがなく、隣のブールヴァール・モンマルトルの二つのパサージュのような人出はついに確認されなかった。

その代わり、このパサージュには、文学史に名を残す文芸レストラン「ペーテル」があり、カチュール・マンデス、ボードレール、テオドール・バンヴィル、それにロートレアモンも寄稿した「ルヴュ・ファンテジスト」誌に拠るパルナス派の詩人たちのたまり場となっていた。このレストランの大広間はかつてのオテル・デ・プランスの宴会場で、文人たちの宴会がよく行われた。ヴィルメサンが率いる「フィガロ」紙が催した大宴会はここで開かれたのである。

ほかに、有名店としては、海泡石のパイプを専門に扱っていることで知られる「オ・カリエール・デキューム」もあり、通の間では愛されたパサージュだったが、大衆的な人気

格調高い復元に成功したが……

は得られぬままに終わった。

パサージュ・デ・プランスの運命にとって決定的だった変化は、そこの客を呼び込むはずだったオペラ座がルペルティエ通りからオペラ広場に移り、それに伴って、パサージュ・ド・ロペラの取り壊しが決まったことだろう。パサージュ・ド・ロペラの解体は結局、遅れに遅れて一九二五年になるのだが、パサージュ・デ・プランスはすでに、オペラ座の移転の時点で衰退を運命づけられていたのである。

しかし、早めに衰退が始まった割には、パサージュ・デ・プランスはよく生き延びた。だが、一九九〇年の七月に、その所有者であるAGFはついに全面的取り壊しを決定、ここに、十九世紀最後のパサージュは歴史の幕を閉じたかに見えた。

その後、パサージュ愛好家たちは、パサージュ・デ・プランスが元のイメージで復元されるのか、それとも、まったく姿を変えてしまうのか固唾《かたず》を飲んで工事の進展を見守っていたが、一九九五年、リニューアル・オープンした姿を見て、ホッと一安心した。少なくとも、その内部は、元のイメージにかなり近いかたちで復元されていたからである。

ただ、残念なことに、この復元パサージュには今度もまた人気がでなかった。その結果、何度かテナントが代わり、いまでは、「ジュエ・クラブ」の大型の玩具店が、すべてのフロアーを借り切って営業している。少子化傾向に歯止めがかかり、ベビー・ブームが到来したフランスの社会状況を睨んでのことだろうが、しかし、何度か足を運んだ印象でいうと、客が殺到しているという印象は受けない。そのうちに、全面撤退もありうるのではないか？

どうやら、このパサージュには、「不人気」の地霊（ゲニウス・ロキ）が住み着いてしまっているようだ。恨みを呑んで死んだミレスの怨霊のせいなのだろうか？

09 ギャルリ・ド・ラ・マドレーヌ
Galerie de la Madeleine

マドレーヌ広場9番地→ボワシ＝ダングラス通り30番地

マドレーヌ広場の栄光をしのぶよすがに

開通は一八四五年。年代からして、開発主体となったのはパサージュ・ジュフロワ会社のようだが、確証する書類はない。

マドレーヌ広場が開発（というよりも再開発）されたのは、意外に遅く、七月王政になってからのことである。バルザックの『セザール・ビロトー』は、このマドレーヌ地区開発計画を巡る地上げ話に実直な香水商セザール・ビロトーが巻き込まれ、悲劇的な最期を迎える物語だが、おそらく、ギャルリ・ド・ラ・マドレーヌもこうした再開発にからんで計画されたものと思われる。

ここに新しいパサージュを設けるという発想自体は悪くなかった。というのも、マドレーヌ広場は、東から西へと発展していったグラン・ブールヴァールの西の外れだから、将来性は十分な上、パサージュのもう一方の端（当時はマドレーヌ通り）には、レティロ中庭という乗合馬車の発着場があったからだ。つまり、地方から到着した客たちが、グラン・ブールヴァールに向かうのに必ず通る道筋として造られたのである。

また、今日見てもわかるように、パサージュそれ自体の建築にはかなりの金が使われている。建築家はマドレーヌ広場入口の上に彫られているようにテオドール・シャルパンチエ。シャン＝ゼリゼのジャルダン・ディヴェールの設計者である。また、両脇の妙に色気のある女神柱（カリアティッド）はJ・クラグマンの作。高級な盛り場として計画されたマドレーヌ広場にふさわしい威容を備えている。

ところが、鳴り物入りでオープンしたにもかかわらず、ギャルリ・ド・ラ・マドレーヌ

人通りは少ないが落ち着いた店が多い

に人の波は押し寄せなかった。先述の『パリのブールヴァール』でグザヴィエ・オーブリエはこう語っている。

「古い英国風タバーン（マドレーヌ通り）の支店がオスマン大通りとマドレーヌ広場の角にあるが、そのすぐ横に、パサージュ・ド・ラ・マドレーヌがある。このパサージュは、人通りがほとんどなく、ブティックにもろくなものがない」

すこし紛らわしい記述だが、ここでオーブリエがオスマン大通りと呼んでいるのは現在のマルゼルブ大通りである。パサージュ・ド・ラ・マドレーヌと呼んでいるのが、ギャルリ・ド・ラ・マドレーヌである。パサージュ・ド・ラ・マドレーヌと現在呼ばれているのは、ギャルリ・ド・ラ・マドレーヌと並行するかたちで、マドレーヌ広場の北西側をアルカード通りに抜ける屋根なしの通り抜け道である。

いずれにしろ、ギャルリ・ド・ラ・マドレーヌは、一八七八年に記されたこの記述からほとんど進化することはなかった。繁栄することもなく、また衰退することもなく、できたときから、時間に忘れられたような目立たないパサージュとして、今日に至っているのである。

オーブリエが英国風タバーンの支店があると述べた一角には、一九〇〇年スタイルの豪華装飾のレストラン「ルーカス・カルトン（リュカ・カルトン）」があったが、いまは「アラン・サンドランス」に代わっている。「ルーカス・カルトン」の時代から、店がパサージュを裏口としてしか使っていないことがパサージュ愛好家からは非難されていたが、これはいまも変わっていない。ボワシ＝ダングラス通りに抜ける角の両側は「テリトワール」というシックな園芸用品店があり、子供の玩具や雑貨などを売っているが、あまり客が入っているのを見たことがない。

また、パサージュの中ほどには「バンジャマン」という仕立て屋があり、いかにもそれ

「テリトワール」の玩具部

仕立て屋「バンジャマン」の店主

出口の先には美しいマドレーヌ寺院が見える

らしい店主が店番をしているが、写真を撮られるのを嫌っているから注意を。

全体的に、かつてのマドレーヌ広場の栄光をしのぶには手頃なパサージュであり、場所からして再開発もありうるので、時間を見て、訪れておいたほうがいいパサージュである。パサージュから広場に抜けようとした瞬間、マドレーヌ寺院の威容が急に視界に入ってくる瞬間が素晴らしい。

10 パサージュ・ピュトー

Passage Puteaux

アルカード通り31番地→パスキエ通り28番地

あること自体が不思議

かなりのパサージュ通でも、こんなところにパサージュが！　と驚くような場所にある不思議なパサージュ。

開通したのは一八三九年。以来、一度も脚光を浴びることもなく、ただただ、存在し続けてきたという、「あること自体が不思議な」パサージュである。ただ、ピュトー氏が抱いた思惑開発したのは、洗礼名さえ伝わっていないピュトー氏。ただ、ピュトー氏が抱いた思惑だけはあきらかである。

一八三六年、元サン・シモン主義者のペレール兄弟がロスチャイルド銀行から資金を借りて、パリとサン＝ジェルマンを結ぶ鉄道を敷設しようと目論んだが、おそらく、ピュトー氏はどこからか情報を得て、その始発駅は、トロンシェ通りになると睨んだようだ。もし、そうなら、まだオスマン大通りは開通していない時代だから、パスキエ通りからアルカード通りに抜けるパサージュを造れば、人の波はかならずやここを通るはず。

ところが、ピュトー氏の目論見は見事外れ、鉄道の始発駅はウーロップ広場に置かれてしまった。

かくして、二階に上ってハシゴを外された格好になったパサージュ・ピュトーは開通当初から不振をかこち、以後、一度も脚光を浴びることなく今日に至っているのである。

二〇〇七年の九月に訪れたときには、テナントとして入っているのは、アルカード通りの入口から中ほどまで続くワイン・バーと、パスキエ通りの入口にあるレストランのみ。この二軒の店がパサージュにテーブルと椅子を出して、我が物顔にテラスとして使用していた。

11 パサージュ・デュ・アーヴル
Passage du Havre

コーマルタン通り69番地→サン・ラザール通り109番地
およびル・アーヴル通り12番地

歴史的記憶の消滅

再開発された結果、ここがパサージュだとはだれも気がつかない、「無残」というほかない変容を遂げてしまったパサージュ。たしかに商業施設としての活気は甦ったが、歴史的な記憶はきれいに拭い去られ、パサージュ愛好家たちの憤激を買った。まるで、東京の再開発のような「悪しき」サンプルとして記憶さるべきものである。

パサージュ・デュ・アーヴルの開通は一八四六年。建築家はヴィクトール・バルトミュー。

パサージュ・デュ・アーヴルの開発は、パサージュ・ピュトーと同じく、西部鉄道の始発駅が計画されたことと関係している。鉄道開通時には、始発駅はロンドル通りとウーロップ広場の角に設けられていたが、一八四三年に駅は、少し南側に進出し、アムステルダム通りとサン・ラザール通りの角に設置された。この駅は、終点がル・アーヴルだったことから、ル・アーヴル駅と呼ばれ、マドレーヌ広場から直接的に駅にアクセスするために、トロンシェ通りの延長として開かれた通りもル・アーヴル通りと名付けられた。パサージュはこの駅名に因《よ》っている。

すなわち、開発業者たちは、コーマルタン通りから、ル・アーヴル駅方面に抜ける通り抜けとしてパサージュ・デュ・アーヴルを計画したのである。ただし、再開発される以前は、ル・アーヴル通りに抜ける歩廊はなく、ロトンドで直角に曲がってサン・ラザール通りに抜ける歩廊のみであった。

開発業者たちの目論見は、半ば当たったといえる。というのも、パサージュ・デュ・アーヴルは、サン・ラザール駅と名前を変えた西部鉄道駅と、プランタン・デパートとギャルリ・ラファイエットの進出でパリで一番賑わう街区となったコーマルタン地区を直接結んだため、パリ全体でも最も人通りの多いパサージュとなったからである。

しかし、そのことと、パサージュ自体の「格」とはまた別の話であった。客が通り抜けだけを目的とする慌ただしい人間に限られていたせいか、店舗が独立して目立つというようなことはなく、いつの時代も、便利商店風の店しか入居しなかった。

そのせいか、時代がたつにつれて、テナントの店柄が荒れ、私が最初に訪れた一九七〇年代の末には、ソルド・ショップや安物衣料、安物靴店はまだいいほうで、サン・ラザール駅周辺の荒廃と軌を一にするように、なんとポルノ・ショップやエロチック下着を売る店までが入居していた。とにかく雑然としているだけで、何の取り柄もないパサージュだったのである。

ゆえに、再開発が一九八〇年代の末に決まったときには、それを惜しむ声は少なかった。

再開発されて、日本のモールのようになったパサージュ。エスカレーターも味気ない

ところが、いざ、リニューアル・オープンした姿を見たパリジャンたちは、いっせいにブーイングの嵐を飛ばした。よりによって、こんな日本のショッピング・モールのようなツルツル、ピカピカの無個性な商店街を！　と憤慨したのである。

だが、今日では、そんな最初のブーイングを覚えているものすらいない。なぜなら、かつてここがパサージュだったなどということを覚えている人も、いまとなっては皆無のようだからである。ここをパリのパサージュの一つとしてカウントしていいか異論の出そうなところである。

12 パサージュ・ヴァンドーム

Passage Vendome

レピュブリック広場3番地→ベランジェ通り16番地

不人気ゆえに生きのびて

パサージュ・ヴァンドームといっても、高級店の立ち並ぶヴァンドーム広場に面するパサージュではない。

残存パサージュのほとんどない東部地区唯一のパサージュで、東の交通の要衝レピュブリック広場に面しているが、この広場を利用する人でさえ、こんなところにパサージュがあるとは気づかない。

とはいえ、一八二七年にこのパサージュが建築されたときには、だれもが、その開通に理があると感じた。

いまはレピュブリック広場となっている場所の東半分には、マルセル・カルネの『天井桟敷の人々』の舞台となったことで知られるタンプル大通りが走っていたが、やたらに人が殺されるメロドラマ中心の劇場が多いために「犯罪大通り」と呼ばれたこのタンプル大通りは、人出からすれば、パレ・ロワイヤルを凌駕するパリ最大の盛り場であった。

では、パサージュのもう一方の端のある通りはというと、こちらは、これまた買い物客でごったがえすタンプル市場に隣接していた。タンプル市場というのは、まだ既製服がなかったこの時代に、民衆のために古着を提供するマーケットで、何十という古着ショップが立ち並んでいた。

ゆえに、この二つを結ぶパサージュ・ヴァンドームに人が殺到しないはずはなかった。だから、開発業者たちは、かなりの費用をかけて、当時にしては豪華なパサージュを建設した。その名残は今日でも十分に感じ取ることができる。高いガラス天井、段差を巧みに利用した変化ある歩廊。どこをとっても、客をおどろかせるに足る高級感を備えていた。そのため、当初は、一流のテナントが入居し、東部地区のギャルリ・ヴィヴィエンヌになることは間違いなしと思われた。

ところが、いざ開通してみると、あてにした客は、タンプル大通りの側からもタンプル市場の側からも入ってはこなかった。

その結果、一流店ぞろいだったテナントもたちまちのうちに格落ちし、第二帝政が始まるころには、すでに閑古鳥が鳴くありさまになった。

この絶不調に拍車をかけたのが、セーヌ県知事オスマンが打ち出したタンプル大通り再開発計画だった。オスマンは、タンプル大通りの東半分、とりわけ、劇場の立ち並んでいた北側を交通の妨げとなるという理由で削りとり、そこに、今日、レピュブリック広場と呼ばれる巨大な広場を完成させたのである。

パサージュ・ヴァンドームはこの再開発でタンプル大通り側の入口を取り壊され、また

見栄えのする高いガラス天井と段差を組み合わせた歩廊

タンプル市場側も短縮されて、ただでさえ少なかったテナントの数を減じられてしまった。それ以後、二度と、幸運の女神がこのパサージュに微笑むことはなかった。だが、この運のなさにもかかわらず、パサージュ・ヴァンドームはよく年月に耐えた。今日でも、一軒たりとも注目に値するテナントは入居していないが、パサージュ・ヴァンドームはあいかわらず健在である。

パサージュ・ピュトーとともに、初めから不人気だったがために取り壊されずに済んだという「奇跡」を生きたパサージュである。

唯一のショップで売られている絵葉書も平凡なものばかり

13 パサージュ・デュ・グラン＝セール
Passage du Grand-Cerf

サン＝ドニ通り145番地→デュスーヴ通り10番地

大鹿《グラン・セール》は甦った

原型復元タイプの再開発に成功したパサージュの一つ。

一九八四年に私がここを訪れたときには、ほとんどの店が扉を閉ざし、スペイン系の安レストランと、「オ・ボヌール・デ・ジュール」という妙に名前が記憶に残るランジェリー・ショップだけが店を開いていた。その荒廃ぶりは胸をつかれるほどに痛ましく、パサージュの末路とはこのようなものであるかと慨嘆を誘った。

果たせるかな、一九八五年の末にパサージュの新しい所有者が決まったが、そのときには、取り壊しは必至で、新しくパサージュとして甦ると予想した者はほとんどいなかった。

だが、奇跡は起こり、いまでは、大賑わいとまでは行かないが、それなりにパサージュを愛するテナントと散策者によって、好ましい雰囲気のパサージュとして再生している。

パサージュ・デュ・グラン゠セールが建設された年代ははっきりとはわかっていない。なぜなら、権利関係の書類によると、パサージュは一八二六年六月にドゥヴォー゠モワソン銀行からイジドール・モニエという人物に売り渡され、このイジドール・モニエ氏の相続人が一八六二年にアシスタンス・ピュブリック（病人、困窮者、孤児などに公的援助を行う公的機関）に遺贈したという事実は判明しているものの、風俗観察家のレポートにパサージュの名前が登場するのは一八三五年を待たなくてはならないからだ。

したがって、建設は一八三五年の少し前だろうと推測されるが、ベルトラン・ルモワーヌの研究『ガラス屋根のパサージュ』によると、そのスタイルは「一八二五年風」というよりも、パサージュ・ジュフロワなどに近い「一八四五年風」であり、たとえ、一八二五年頃に建設されたにしても、その後、何度か手直しが行われたと推測される。

Vous souvenez-vous ?
des anciennes boutiques du passage ... « Au tambourin » (jouets), « Au bonheur du jour » « Mauroz » (ébénisterie), « Manu » (couturier-tailleur), « restaurant du Grand-Cerf » (franco-espagnol), et le salon de
かつてのパサージュをしのぶ写真

このように、パサージュ・デュ・グラン＝セールは建築家の名前さえわかっていないのだが、しかし、そのデザインは、ルモワーヌによれば、なかなかに大胆なものであるという。幅こそ三メートルと狭いが、高さは地上十一・八〇メートルもあり、パリのパサージュでも最も丈の高いパサージュの一つに属し、ガラス天井の上に突き出すかたちで載っている四階部分には両側を結ぶ歩廊が架けられているなど、ピラネージの「牢獄」を連想さ

ピラネージが描いた「牢獄」のような高い天井

せる風変わりな特徴を持っていたからである。

グラン＝セール（大鹿）という名称は、パサージュ建設以前に、ここに「オテルリ・グラン＝セール（大鹿館）」という巨大なホテルがあったことにちなんでいる。なぜこの場所に「オテルリ・グラン＝セール」があったかといえば、大革命以前から、近くに東部方面行きの大型乗合馬車会社「メサジュリ・ロワイヤル」の発着場が設けられていたためである。

この事実から、ドゥヴォー＝モワソン銀行が「オテルリ・グラン＝セール」を取り壊して、パサージュを建てようと計画したことは十分に理解される。パサージュが四階建てと異常に高いのも、巨大ホテルの骨組みを再利用したものと考えれば納得がいく。

しかし、そのアヴァンギャルドな建築にもかかわらず、パサージュ・デュ・グラン＝セールに客が殺到して、大賑わいしたという証言は皆無である。サン・ドニ地区そのものが繁栄から見放されたことに加えて、世紀半ばには大型乗合馬車が廃止されたことも影響しているのだろう。

そのため、遺贈を受けたアシスタンス・ピュブリックも処置に困り、転売の機会を待ったが、ついに地価は上向かず、そのためもあって、パサージュのメンテナンスにいっさい心を配ることなく、百二十年以上も放置したまま、あたら時間だけを経過させてしまったというわけである。

一九八五年、アシスタンス・ピュブリックはついにパサージュの買い取り手を見いだすことに成功した。買い手は二つあり、地下と一階部分は「プロモシオン・アンジェニエリ・イモビリエール」という会社に、二階以上の部分は、低家賃住宅機構の「トラヴァーユ＆プロプリエテ」にそれぞれ買い取られた。

南仏の石鹸や化粧品を扱う店

一九九一年十月、パサージュ・デュ・グラン＝セールは、原型をかなり忠実に復元したかたちで、採光の良い美しいパサージュとしてリニューアル・オープンした。

ポルノ・ショップが立ち並び、街娼が列をなすサン・ドニ通りが入口となっていることから、当初、経営の困難が予想されたが、レトロ・モダンな雰囲気を醸し出した復元に人気が集まり、テナントにも、おしゃれな雑貨を中心とする優良店が入居した。ＤＶＤやインターネットの普及で、サン・ドニ地区自体がエロスの街としての性格を失い、変容を遂げようとしていることも与《あずか》って力あったようだ。

ただ、「不人気」という地霊は思いのほか強力だから、まだまだ予断を許さない。今後の経営努力が待たれるところである。

14 パサージュ・ブール・ラベ

Passage Bourg L'Abbe

サン・ドニ通り120番地→パレスト通り3番地

ライバルの消滅で意気沮喪

再開発に成功したパサージュ・デュ・グラン゠セールを抜け、サン・ドニ通りを渡って、この続きのパサージュに入った散策者は、そのあまりの投げやりぶりに驚くにちがいない。店舗と呼べるようなものは皆無に近く、ほとんどが卸売り衣料の展示場として使われている。一軒だけ骨董店があるが、いつも、まったくやる気のなさそうな店主がパソコンの画面に向かっているのが見える。メンテナンスはほとんど行われておらず、入居しているのは、賃料の安さに惹かれたテナントのみ。

一九八四年に訪れたときにはもっとひどく、パサージュの入口には着ることと脱ぐことの境界線に位置するような衣服を身につけた娼婦たちがずらりと並んでいた。しかし、エロスの街としてのサン・ドニの衰退で、いまや娼婦さえも寄り付かないパサージュとなってしまったようである。

しかし、パレスト通り側の入口に回ってみると、そこには、証券取引所の建築家として知られる名匠アンリ・ブロンデルの手になる見事なファサードがあり、「工業」と「商業」を象徴するエメ・ミレ作のカリアティッド（女神柱）が入口を飾っている。これは、パサ

パストレ通り側入口にはエメ・ミレ作の女神柱がある

ージュ・ブール・ラベの名の由来となった旧ブール・ラベ通りがセバストポール大通りとテュルビゴ通りの開通で消失したさいに、テナントたちの醵金《きょきん》によって設けられたものである。

パサージュ・ブール・ラベが開通したのは一八二八年のこと。パリの至るところにパサージュが設けられた第二次ブームの時期に当たる。

このパサージュの近くには、並行するパサージュ・ソーセッドというガラス屋根のパサージュが造られており、当時のレポーターによれば、二つのパサージュは、ギャルリ・ヴィヴィエンヌとギャルリ・コルベールのように、激しい鍔《つば》ぜり合いを演じたという。それというのも、パサージュ・ブール・ラベの設計者であるオーギュスト・

ルソンはこのライバルのパサージュからデザインをそっくり拝借してしまったからである。

しかし、このライバルが一八五四年に姿を消すと、パサージュ・ブール・ラベのほうも元気を失い、あとは一瀉千里という感じで衰退街道を突っ走ることになるのである。

15 パサージュ・デュ・ケール

Passage du Caire

サン・ドニ通り237・239番地→ケール広場2番地
その他の出入口　ケール通り14番地、
アレクサンドリ通り33番地

最古、かつ最長、語るべきものは……

パリに現存するパサージュでは最古、かつ最も長く、また、最も人通りの多い、ある意味、最も「現役」のパサージュである。

ただし、この言葉を皮肉と取らずに、真に受けて訪れた人は、かならずや、そのあまりの散文性に落胆するにちがいない。なぜなら、二百年以上という歴史の重みを感じさせるような要素は皆無で、ただ、金銭と商売に生きる、歴史と無縁の人たちに使われているだけの「場所」でしかないからだ。

パサージュ・デュ・ケールが開通したのは、パサージュ・デ・パノラマに先立つこと二年、一七九八年の暮だった。設計を担当した建築家はプレトレル。

大革命により、教会財産の多くが没収され、国有財産とされたが、国債代わりに発行されたアッシニャの償還のため、総裁政府の時代になると、ほとんどが競売にかけられた。サン・ドニ通りからブルボン゠ヴィルヌーヴ通り（現在のアブキール通り）にかけて建っていたフーユ・デュ修道院も例外ではなく、共和暦六年に、「ケッス・デ・ランティエ（年金公庫）」という名の会社に落札され、パサージュとして生まれ変わることになった。

おりから、ナポレオン・ボナパルト将軍がオリエントの征服に出掛けてエジプトに攻め入り、連戦連勝しているというニュースが伝わってきたので、パリはオリエント・ブームに沸き返っていた。

そのため、新しく開発されたこの地区の通りには、みな、ボナパルト将軍の戦勝の地の名前がついた。パサージュ・デュ・ケールに含まれるル・ケールとはフランス語で「カイロ」のことである。

安物衣料の卸売店ばかりが並ぶ

このボナパルト・ブームの名残は、パサージュそれ自体にはなにも反映されていないが、ケール広場に面した入口のファサードには、古代エジプトのハトール女神像を模した柱頭が三つ飾られ、壁面にもピラミッドかなにかを造るために作業をしている奴隷たちの姿が描かれている。また、いまでは取り壊されてしまったが、サン・ドニ通り側の入口も一対のハトール女神像で飾られていた。

しかし、このファサードのレリー

往時の賑わいをしのばせるタイル

フを除くと、パサージュ・デュ・ケールには語るべきものがほとんどない。歩廊は狭く、ガラス天井もかなり雑ぱくな感じがする。当初、木製だったガラス天井の骨組みは後に鉄製に変えられたが、これとても、語るに値いするものではない。

こうした散文性は、すでに一八二〇年代から指摘されていたようで、一八二八年刊のリシャールの『パリ・ガイド』には、「このパサージュが注目されるとしたら、その豪華さではなく、その長さである」と書かれている。また、『パリ　あるいは百と一の書』で、ケルメルは「私はこのパサージュに一歩足を踏み入れたとたん、『なにもない、なにも』と叫んだ。つまり、カイロという名を不滅なものにした男を思い起こされるような記憶も、証言も、なに一つとしてない。（中略）パサージュはこの地名に対する冒瀆だ！」と記している。

しかし、それでも、ケルメルが観察したころには、パサージュ・デュ・ケールにもモードの店、玩具の店、書店、カフェなどがテナントとして入居していたが、七月王政下にこ

蜘蛛の巣のようなガラス天井

の地区が商業の神に見放されるようになると、一見《いちげん》の客を必要としていない業種がその大半を占めるようになる。とりわけ、ジャーナリズムが発達すると、活字印刷屋、石版印刷屋、製本屋、名刺印刷屋、絵葉書印刷屋、各種の修理屋などがテナントとして入居する。その結果、パサージュのメンテナンスもおろそかになり、ガラス屋根で覆われているはずが、雨の日には傘を必要とするようになってしまう。

この状態に立ち至ったのが第二帝政のこと。

そこからさらに百五十年以上を経過した現在、パサージュ・デュ・ケールは、不思議な活気に満ちている。既製服の卸売問屋街に隣接している関係で、近年、この分野に進出著しい中国人、インド人（パキスタ

マネキン店のシュールな味わい

ン人）、トルコ人（アルメニア人）などが、安物衣料のサンプルを展示するスペースをここに求めたからである。

　だから、パサージュには、散策を楽しむような暇人はほとんどおらず、フランスの地方や世界各地から二流、三流ブランド（ほとんどは一流ブランドのデザインを模倣したもの）の製品を購入しにやってきた小口のバイヤーたちが大きなトランクを抱えて慌ただしげに行き交っている。何百というテナントが入居しているにもかかわらず、小売をする店はほとんどないので、散策者は買い物を楽しむことはできない。

　しかし、衣料品ばかりではなく、マネキン、展示用装飾の店も多く、それらが、ときとしてシュールな雰囲気を醸し出していることもあるので、こうしたキッチュで突飛（アンソリット）な効果を楽しみたいという向きには、なにかしらの発見があるかもしれない。

　写真撮影は、デザインを盗まれると警戒する店が多い（そんな心配は皆無なのだが）ので、注意を要する。

見所は、歩廊が三差路に分岐するロトンドの、蜘蛛の巣のような構造のガラス天井くらいだろうか？

16 パサージュ・デュ・ポンソー
Passage du Ponceau

サン・ドニ通り212番地→セバストポール大通り119番地

セバストポール大通り側の入口

ないないづくしで、ひなげしの名のみ

語るべきことがなにもない点で、一、二を争うパサージュ。どのパサージュ案内も、このパサージュの中には、写真に写すべきものがなにもないので、セバストポール大通り側の入口の上にある「PASSAGE DU PONCEAU」の文字をはめ込んだレリーフの写真を掲げている。

この「不人気ゆえによく残る」という、パサージュの法則の証明となるようなパサージュが開かれたのは、パサージュ・ブームに湧く一八二六年のこと。当時はまだしも賑わっていたパサージュ・デュ・ケールの続きを目論んだのである。「ポンソー」

とはフランス語で「ひなげし」のこと。その名前の由来は不明である。

しかし、目論見は完全に外れ、パサージュ・デュ・ポンソーは、開通時から一度も日の目を見ることなく衰退と荒廃を重ね、百八十年という歳月をよく耐えて、今日に至っているのである。

メンテナンスに金を惜しんでいることは、天井がガラスでさえなく、プラスチックで覆われていることからも明らかである。

天井はプラスチック

テナントは、完全にパサージュ・デュ・ケールの延長で、卸売衣料品の展示ブティック、およびその業界の人むけファスト・フード店のみ。

セバストポール大通りの開通の際に、一部を削り取られたが、そのときに、例のレリーフが設置されたのだから、もし、この改装がなければ、パサージュ・デュ・ポンソーは、写真のネタになるものが一つもない気の毒なパサージュになっていたことだろう。

17 パサージュ・デュ・プラド
Passage du Prado

フォーブール・サン・ドニ通り12番地→サン・ドニ大通り16番地

あぶないアール・デコ天井

パサージュ案内の写真に写ったアール・デコ風の天井アーチに惹かれてこのパサージュを訪れた人は、その荒み方のすさまじさに度肝を抜かれるにちがいない。

といっても、かつてのパサージュ・デュ・グラン＝セールのようにテナントが入居していないというのではない。その反対である。

テナントは入っているのだが、その業種というのが地域にあまりに密着しすぎているのである。インド系（パキスタン系）の食料品屋、およびインド系（パキスタン系）あるいはアフリカ系の床屋・DVD屋、レストランというよりも食堂と呼ぶのがふさわしい食べ物屋、卸売の衣料の展示場、それに「オテル・デュ・プラド」という名の安ホテルなどなど。ここでは、カメラを店内にいる人に向けるのは危険である。違法移民が少なからずいて、写真を撮られることを嫌っているためである。

では、どうして、こんなパサージュにアール・デコ風の天井アーチがあるのかというと、このパサージュがリニューアルされたのが、パリでアール・デコ博が開かれた一九二五年だからである。ちなみに、「プラド」というのはスペインの「プラド美術館」にあやかったものだが、その命名者とスペインの関係は明らかになっていない。

しからば、リニューアル前のパサージュ・デュ・プラドがどのようなものであったかということになると、具体的な資料はほとんど残っていない。

ベルトラン・ルモワーヌが『ガラス屋根のパサージュ』で暗示しているように、一九二

謎のアール・デコ風天井アーチ

ロトンドにあるガラス天井は日差しが明るい

五年までは、ガラス屋根のパサージュではなく、ただの通り抜け道だった可能性もある。

というのも、通り抜け道なら、一七八五年にこの場所にパサージュ・デュ・ボワ・ド・ブローニュという屋根なしのパサージュが開かれたことが分かっているからである。ボワ・ド・ブローニュという名称は、この場所に同名のダンス場があったことにちなんでいる。

では、この時点から一九二五年まで、パサージュにガラス天井が被せられたことはなかったのかといえば、その点は不明である。ただ、パリ・パサージュ案内の類いにここが登場していないということは確かである。

謎の多いパサージュである。

18 パサージュ・ブラディ

Passage Brady

フォーブール・サン・ドニ通り46番地→
フォーブール・サン・マルタン通り43番地

エスニック横町の賑わい

パリの中で、インド・パキスタンのバザールの雰囲気を楽しむのだったら、このパサージュに行くに限る。

インド・パキスタン料理に欠かせない野菜や香辛料を扱う食料品店が軒を並べ、売り台を歩廊にまで迫《せ》り出しているし、香ばしい匂いを放つカレー屋も格安の価格で定食《ムニュ》を提供している。いまどき、五ユーロで食事を済ますことのできる場所はここしかない。

ことほどさように、「インド・パキスタン村」になってしまっているパサージュ・ブラディだが、一八二七年に開発が企てられたときには、パリでも最も野心的なパサージュと目されていた。というのも、フォーブール・サン・ドニ通りとフォーブール・サン・マルタン通りというパリで最も古いメイン街道を結び付けて、そこに百十三軒ものテナントを配するというアイディアが、画期的なものと映ったからだ。しかも、ただ長いだけでなく、その中間点にロトンドを置いて変化を持たせる工夫も小粋に感じられたのである。ただし、この時点でもすでに、ロトンド以東の部分にはガラス屋根は被せられていなかった。これはいまも同じである。

パサージュ・ブラディが開通したのは一八二八年四月のこと。評判は上々で、「モニトゥール」紙のレポートでも「どの部分にも手入れが行き届き、光がふんだんに取り入れられ、資本が回転していることが感じられる」と好意的に紹介されている。

ただ、ケルメルは、早くも、例の『百と一の書』で、「パサージュ・ブラディの眺めほ

通りの両側にはインド（パキスタン）レストランが並ぶ

ど物悲しいものはない。そこには、貧困と不潔がその司令部を置いているように見える。それは、古着のバザールであり、それ以外のものではない。古着屋と読書クラブばかりがやけに多い」とくさしている。

このケルメルの評言は、フォーブール・サン・ドニから商業の神が撤退するにつれ、本当のものとなってしまう。

その傾向を決定的なものにしたのが、一八五四年のセバストポール大通りの開通で、これにより、唯一の売り物だったロトンドは撤去され、パサージュ・ブラディは、事実上、フォーブール・サン・ドニからセバストポール大通りまでの部分となってしまったのである。

ジャン・クロード・ドロルム&アンヌ゠マリー・デュボワの『パサージュ・クヴェール・パリジャン』によれば、パサージュ・ブラディにインド人の集団が定住したのは一九七三年のこと。フランス領としてインドにわずかに残っていたポンディシェリからアントワーヌ・パンヌサミーの一党がやってきて、ここにインド料理の店を開いたのが始まりだという。以後、パキスタン人も食料品店や雑貨店を開き、パサージュ・ブラディは、インド・パキスタン村と化したのである。

建築的に見ると、パサージュ・ブラディの傷み方はひどく、このまま放置しておけば、解体の危険がある。そこで、パリ市議会は、一九九三年、再開発の検討のための予算を計上し、地権者との協議に入ったが、その後十年以上を経過しても、再開発計画は全く始動していないように見える。

インド・パキスタン村としてあまりに活気があり、それなりに、パサージュが生命を持ってしまっているからなのかもしれない。

いずれにしろ、一見の価値はあるパサージュである。

インド（パキスタン）人相手の食料品店（上）と八百屋

19 アルカード・デ・シャン＝ゼリゼ
Arcades des Champs Elysees

シャン＝ゼリゼ大通り78番地→リュ・ド・ポンピュー 59番地

アール・デコ芸術の粋を集めて

厳密な意味ではパサージュとはいえないが、パサージュの概念を援用して開発された最も豪華絢爛たる、そして最後のパサージュである。パリに残る「アール・デコ」の残映として記憶さるべきものである。

シャン＝ゼリゼ地区は、第一次大戦以前のベル・エポックには、商業地区というよりも、むしろ高級住宅街だった。すなわち、シャン＝ゼリゼ大通りは、第二帝政および第三共和政で巨万の富をなした大富豪の邸宅が並び建ち、高級馬車や高級自動車に乗った貴顕紳士淑女がこれみよがしに富のありようを衒示《げんじ》する空間であり、そこで支配的だったのはなによりもまずエレガンスと趣味の良さだった。

ところが、第一次世界大戦を境に、『失われた時を求めて』に描かれたようなエレガンスと趣味の良さを基準にする社交界は崩壊し、シャン＝ゼリゼもまた商業資本のターゲットになり、大邸宅は新興マネーに買収されて商業施設に変えられてしまう。

「狂乱の年月（レ・ザネ・フォル）」と呼ばれた一九二〇年代の半ば、モンマルトルの巨大デパート「デュファイエル」の経営者だったジョルジュ・デュファイエルが一九〇五年に建てた超豪邸（設計はギュスターヴ・リーヴ）が売りに出された。シャン＝ゼリゼ大通り七八番地にあったこの邸宅を手に入れたのは、「真珠王」として権勢の頂点にあったレオナール・ローゼンタール。ローゼンタールは、邸宅の敷地が間口が狭い割に、奥行きがあるウナギの寝床式であることに頭を悩ましていた。そのうちに、突然、アイディアがひらめいた。「《これは廊下だな》と私は思った。だが、すぐに思い返した。《いや、これぞまことのパサージュじゃないか！　両側に店を建てたらどうだろう？　パサージュだ、パサージュだ！》」（ルモワーヌ『ガラス屋根のパサージュ』に引用）

ようするに、ローゼンタールは新興の繁華街であるシャン＝ゼリゼに、パサージュの概念を甦らせて、アール・デコ芸術の粋を集めたような超豪華な商業施設を創りだそうと考えたのである。

ローゼンタールは、当時、二十世紀随一の建築家といわれたシャルル・ルフェーヴルに設計をゆだねた。ルフェーヴルは工事途中で世を去ったので、残りは弟子のジュリアンとデュアイヨンが仕上げた。

なにしろ、時代は、二〇年代バブルの真っ盛りだから、惜し気もなく資金が投入され、工事総額は六〇〇〇万フラン（現在の貨幣価値に換算して三百億円）にも上った。パサージュの完成に協力した芸術家の顔触れも豪華版で、彫刻はマルタン、鋳鉄装飾はルネ・ゴベール、天井のガラス装飾はジャコポッジ、ガラスの噴水はルネ・ラリックというものだっ

ジャコポッジによる見事な天井装飾

た。

開通式は一九二六年の十月一日、三〇〇〇人の招待客を前にして執り行われた。

当時のレポーターは「シャン゠ゼリゼにパサージュとは、向こう見ずの時代錯誤であり、大胆な新機軸である」と称したが、たしかにこの評言は、こんにちのアルカード・デ・シャン゠ゼリゼの中を歩いてみても十分に感得できる。

アール・デコ芸術というのは、機能美などというのでは全然なく、直線や図形などといった「機能的なるもの」を装飾に使ったバロック芸術なのであり、ル・コルビュジエ的な簡素さの美学とは無縁なものなのである。この点をマルセル・ザアールはこう指摘している。

「ジュリアンとデュアイヨンは、同時

代人と同じく二十世紀という鉄筋コンクリートの世紀に属しているにもかかわらず、そこから逃げ出して、過去の中から時代遅れのフォルムを都合よく落ち穂拾いしている」（前掲書に引用）

パリのただ中にニューヨークが現れたよう

ひとことでいえば、アルカード・デ・シャン＝ゼリゼは、アール・デコの衣装をまとったガルニエのオペラ座であり、ひたすら豪華さを狙うと悪趣味とすれすれのところに落ちるという典型なのである。

パサージュの両側に並んだテナントのショーウィンドーも、大西洋横断客船の装飾を担当したパトゥーとリュールマンに任されるという凝りようで、赤大理石の円柱からなる回廊も、「ドーダ、参ったか！」的な豪華趣味をよくあらわしていた。

また、地下には、これまた贅沢を絵に描いたようなプールやマッサージ・ルーム、バーなどが設けられ、一九二九年にオープンした世界最高のキャバレー「リド」の絢爛たるショーが貴顕紳士たちを迎えていた。アルカード・デ・シャン＝ゼリゼは、今日でも地図などには「アルカード・ド・リド」という名前で載っているが、それはこのパサージュがリドの前庭と意識されていたためである。「リド」は、いまではシャン＝ゼリゼ大通り一一六番地に移転して、あとには「クラブ78」というディスコが入ったが、このディスコもいまは閉店している。

こんにち、パリで最後の、そして最高のこのパサージュを歩くと、アール・デコの超豪華装飾の「遺跡」という感じがする。十八世紀の廃墟画家ユベール・ロベールが、もしタイム・マシンに乗ってアルカード・デ・シャン＝ゼリゼに姿を現したら、ひどく絵心を刺激されるにちがいない。

たんに装飾が古びているというばかりではない。

テナントにはいっていた一流のブティックはすべて去り、いまは旅行客相手の土産物屋や二流のプレタ・ポルテ、それに上品な（そして、多少エロチックな）ランジェリー・ショップばかりになり、全体にほどよい「寂れ」感が出てきている。素晴らしいアール・デコ装飾なのに訪れる人はほとんどおらず、「落魄」の雰囲気が漂っている。

今年に入り、スターバックスコーヒーが中央フロアーに入居し、リニューアルの機運が漂ってきているようである。是非、この機会に訪れてみることをお薦めしたい。

パサージュの歴史

1　パサージュ前史

パサージュ研究書が一致して指摘しているように、パリにおけるパサージュの原型は、一七八六年に開業したパレ・ロワイヤルの「ギャルリ・ド・ボワ Galerie de bois」に求められる。というのも、このギャルリ・ド・ボワは両脇にブティックがずらりと立ち並んだ閉鎖式の商店街であるばかりか、その屋根の一部がガラスで覆われて自然光が上から差し込んでいたからである。

しかし、ギャルリ・ド・ボワがあくまで、パサージュの原型に止《とど》まって、われわれが先に定義したような意味でのパサージュとは呼べないのは、それがパレ・ロワイヤルという宮殿を転用した商業施設の中庭に設置されていたことにある。つまり、「公道から公道」への「通り抜け」というIの定義を満たしてはいないからである。ギャルリ・ド・ボワは、たしかにパレ・ロワイヤルのモンパンシエ回廊とヴァロワ回廊を結ぶ「通り抜け」ではあるが、モンパンシエ回廊とヴァロワ回廊は、公道ではなく、あくまで、ブルボン王家に属する王族オルレアン家の所有するパレ・ロワイヤルという宮殿（私有地）の回廊であるからだ。

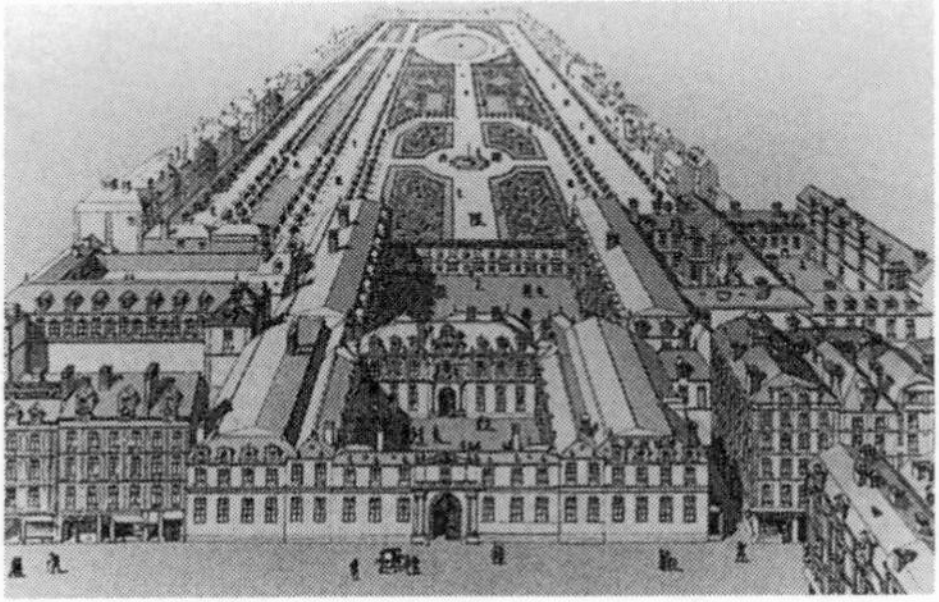
改造前のパレ・ロワイヤル

しかし、こういうと、当然のように次のような疑問が生じるはずだ。

すなわち、パレ・ロワイヤルという私有の宮殿の中に、なにゆえにそうしたパサージュの原型のようなガラス屋根の商店街が存在していたのかということだが、それに答えるには、一七八一年に始まったパレ・ロワイヤルの大改装にまで溯ってみなければならない。

パレ・ロワイヤルは、ルイ十三世の宰相リシュリュー枢機卿が、かつてシャルル五世の所領であった土地を購入し、一六二四年から一六二九年にかけて広大な庭園を含む邸宅を建築家ルメルシエに建てさせたことに始まる。したがって、当初は、パレ・ロワイヤル（王宮）ではなく、パレ・カルディナル

（枢機卿の宮殿）と呼ばれていた。

それがパレ・ロワイヤルと呼ばれるようになったのは、王よりも強固な王権主義者であったリシュリューが一六四二年の死に際して、邸宅を王家に遺贈したがためである。

以後、宮殿は、王妃アンヌ・ドートリッシュとその二人の息子（ルイ十四世とフィリップ・ドルレアン）の所有となったが、フロンドの乱（一六四八〜一六五三）のさい、大貴族を旗頭にした反乱軍が宮殿内に侵入するなど忌まわしい記憶があったため、一六六一年の宰相マザランの死を契機に親政を開始したルイ十四世はルーヴル宮殿を改装して移り住み、一八八五年にはヴェルサイユに宮殿を建設して、完成と同時に首都も移した。その結果、パレ・ロワイヤルは弟のオルレアン公が住むこととなり、一六九二年に正式にオルレアン家の所領に帰し、代々の当主がここに住むこととなった。

一七八一年、オルレアン家五代目当主となったフィリップ・ドルレアン（いわゆるフィリップ・エガリテ）は、その極端な浪費癖ゆえに借金の返済に困り、パレ・ロワイヤルを手放すか破産かの瀬戸際に追いこまれたが、そのとき宮殿内にあった劇場「パレ・ロワイヤル座」の火事をきっかけにして、彼の頭に天啓のような妙案が浮かんだ。

それは、パレ・ロワイヤルの中庭を改装し、そこに回廊式のショッピング・センターと分譲住宅を建設し、区画ごとに売り出すというものである。

だが、いったい、フィリップ・ドルレアンの頭に、どのようにしてこうした途方もないアイディアが閃《ひらめ》いたのか？

考えられる仮説は、この一七八一年に、古着屋の街であるタンプル地区の一角に開業した商業施設「ロトンド・デュ・タンプル」が大賑わいとなり、その評判がフィリップ・ドルレアンの耳にも届いていたということである。

このロトンド・デュ・タンプルというのは、テンプル騎士団本部があった場所に楕円形の建物を建て、その一階部分を外側に開くアルカード（拱廊《きょうろう》）式の商店街にしたもので、四十四軒の古着ブティックが入居していたが、雨に濡れずに買い物ができるということで大評判を呼んでいたのである。

では、こうしたアルカード式の商店街は、ロトンド・デュ・タンプルが最初かというと、じつは、もう一つの先駆者が存在していた。

ただし、それは商店施設として作られたものではない。

なんと、墓地として誕生したものだったのである。今日、パレ・ロワイヤルからセーヌに沿って東に進むと、かつての中央市場（レ・アール）の跡地に建てられたショッピング・センター「フォロム・デ・アール」があるが、その東隣にはフォンテーヌ・デ・ジノサンと呼ばれる噴水を囲む広場がある。

このイノサン広場こそ、一七八〇年以前には、中世以来、パリジャンの死体を埋葬するイノサン墓地が設けられていた場所である。

では、なにゆえに、イノサン墓地が商店街として機能していたかというと、墓地を囲む壁の内側にもう一つ壁が設けられ、その内側の壁は墓地に向かって開くゴシック式のアルカードになっていたが、この二つの壁の間を利用して円天井の回廊が作られていたことによる。使用目的は、満杯になった墓地から掘り起こした人骨を収容すること、つまり、納骨堂だったわけだが、パリの中心にあって、雨風にさらされずに散策できるためか、この納骨堂の回廊にはどこからともなく人が住み着き、さまざまなものを売る「商店街」ができあがってしまっていた。すなわち、流行の衣服を売る店、下着屋、メリヤス屋、古着屋、版画屋、代書屋などで、さらには、この「商店街」に集まる男たちを目当てにした娼婦までが徘徊していたのである。

このイノサン「墓地＝商店街」は、パリの歴史の上から見ると、屋根に覆われたアルカードの第一号であり、パサージュの元祖の元祖とも呼べなくはないが、しかし、十八世紀の半ばに盛んになった公衆衛生学から激しい非難を浴びることとなり、ついに一七八〇年には閉鎖されて、納骨堂の骨は、パリの地下に網の目のように掘られたかつての採石場跡に移されることになった。

さて、以上のような経緯からすると、借金で首が回らなくなったフィリップ・ドルレアンが、この一七八〇年のイノサン「墓地＝商店街」の閉鎖と一七八一年の「ロトンド・デュ・タンプル」の開場におおいにインスピレーションをかきたてられたということは十分ありうる。つまり、自分の所有するパレ・ロワイヤルの中庭に、これらとよく似た、内向きのアルカード式のショッピング・センターを作ったら、イノサン「墓地＝商店街」の閉鎖で行き場所を失っていた民衆はかならずやこの新名所に殺到するであろうと考えたのである。

そこで、フィリップ・ドルレアンは、パレ・ロワイヤルの中庭に背を向けて建っていた建物の所有者たちに新事業への参加を呼びかけたが、はかばかしい反応が得られないため、「それならこっちにも考えがある」とばかり、中庭に一回り小型のコの字型の建物を建て、その中庭に向いた回廊（モンパンシエ回廊、ボジョレ回廊、ヴァロワ回廊）をアルカード式の商店街にしてしまったのである。

こうして一七八六年に開業した「パレ・ロワイヤル商店街」はたちまち大人気を呼び、パリ中から（いやヨーロッパ中から）続々と人がつめかけ、あっというまに、パリ随一の盛り場として君臨するに至った。

気をよくしたフィリップ・ドルレアンは、さらなる店舗拡大を目論《もくろ》み、庭園の南側の外れに、モンパンシエ回廊とヴァロワ回廊を結ぶ第四の回廊を設けることにしたが、資金難と時間不足から完成したのは土台と床にとどまった。だが、押し寄せる群衆を他に逃す手はないので、石造ではない木造の仮建築を建てることにして、ロマン某に開発権を与えた。

こうして一七八六年に急ごしらえで造られたのが「木（ボワ）の回廊」という意味での「ギャルリ・ド・ボワ」である。ちなみに、他の三つの回廊は、石（ピエール）で出来ているため「ギャルリ・ド・ピエール」と呼ぶ。

このギャルリ・ド・ボワの賑わいについては、バルザックの『幻滅』に素晴らしい描写があるのでこれを掲げておくことにしよう。(「失われたパサージュを求めて」一九二頁参照)

ロマン某に与えられていたギャルリ・ド・ボワの商業権は三年の契約が終わった後、何度か更新されたが、そのうちにフランス革命でフィリップ・ドルレアンがギロチンに掛けられ、その子供たちも外国に亡命したため、権利は自動延長というかたちになり、仮建築のはずがじつに四十年以上にわたってパリ随一の盛り場として君臨することになったのである。

だが、王政復古で帰国したオルレアン家の相続人ルイ・フィリップが商業権利の自動延長を認めず、石造のギャルリに作り替えることにしたため、一八二七年七月、ギャルリ・ド・ボワはついに取り壊しが決まり、一八二九年一月にすべての店舗が撤去され、リヴォリ通りの設計者である名建築家ピエール＝ルイ・フォンテーヌ設計のギャルリ・ドルレアンに跡を譲った。

2　パサージュ誕生の背景

では、われわれの定義を完全に満たすパサージュの第一号は、どこにあったのだろう？一七九一年に開通したパサージュ・フェイドーである。これは、現在の証券取引所とリシユリユー通りの間の敷地に設けられたものだが、しかし、パサージュ・フェイドーの話に入る前に、なぜ、この時期から一八〇〇年にかけて、第一期パサージュ建設ブームが起こったか、その背景について考えてみなくてはならない。

パサージュの誕生の直接的なきっかけとなったのは、なんといってもフランス革命である。すなわち、一七八九年七月十四日、バスチーユ牢獄襲撃によりフランス革命が起こったが、そのとき、革命政府が最も切実に必要としたのは、お金である。どんな改革も予算がなければ始まらない。政府は、この予算を捻り出すため、教会財産の国有化（一七八九年十一月）を宣言した。ついで外国軍と結んだ反革命軍の侵入が始まると、一七九二年二月に亡命貴族の財産も国有化し、これらの国有地を担保として多量の国債を発行することとした。これがアッシニャと呼ばれるもので、その最初の発行は、教会財産国有化直後の一七八九年十二月。当初、五パーセントの利息が付けられていたが、政府の財政逼迫《ひっぱく》にともない利息は廃止され、アッシニャは非兌換《ひだかん》紙幣として大量発行された。その結果、貨幣価値は暴落し、ほとんど紙くず同然になってしまった。

しかし、いつの時代にも目ざとい人間はいるもので、アッシニャが国有財産と交換可能なのに目をつけて、これを底値買いする者が現れた。サン・シモン主義の教祖サン・シモン伯爵などはこの口だが、ほかにも目先のきく小型サン・シモンのような人物が各所にいて、パリの繁華街にある大貴族の邸宅や教会の敷地を次々に買い占めていった。

パサージュの多くは、こうした投機家たちがアッシニャの替わりに手にいれた敷地から生まれたのである。

しかし、たんなる商業地や住宅地の開発ではなく、それがパサージュでなければならなかった理由は、当時のパリのトポグラフィックな面に求められる。

ウージェーヌ・オスマンがナポレオン三世の命を受けて一八五三年からパリ大改造に乗り出す前、パリの街路構造は中世以来の自然発生的な発展に任せられていた。そのため、並行する二本の公道を結ぶ抜け道がどこまで行っても存在しないというような不便さが至るところに見かけられた。

投機家たちは、この不便さにまず目をつけたのである。つまり、大きく遠回りせず、公道から公道へとショート・カットできるようなポイントを選び、その敷地を手にいれると、私有の「通り抜け（パサージュ）」を開通させることを思いついたのだ。ここから、パサージュの定義Ⅰが生まれるのである。

しかし、どうせ私有の「通り抜け」を作るなら、その両側の店舗の賃料が高く保たれるような工夫が欲しいところである。

このとき、投機家たちの頭に浮かんだのが、連日押すな押すなの賑わいを見せているギャルリ・ド・ボワである。自分たちが作ろうと目論んでいる通り抜けの上に、ギャルリ・ド・ボワのようなガラス天井を設ければ、雨風にさらされずに買い物ができるということで客が殺到するにちがいない。

こうして定義Ⅰに定義Ⅱ、Ⅲが結びついて、われわれの定義するようなパサージュ第一号パサージュ・フェイドーが誕生したのである。

このパサージュ・フェイドーから、一八二二年開通のパサージュ・モンテスキューまでが、革命期のアッシニャの投機から生まれたパサージュ、すなわち、第一期のパサージュと見なすことができる。

この時期のパサージュとして、われわれの定義にかなっているものは以下の通り。

一七九一年　パサージュ・フェイドー……フェイドー通りからフィーユ・デ・サン・トマ通りにかけて走っていた最古のパサージュ。一八二四年に取り壊し。

一七九八年　**パサージュ・デュ・ケール**（現存。「パサージュ・ガイド」15）

一八〇〇年　**パサージュ・デ・パノラマ**（現存。「パサージュ・ガイド」05）

一八〇八年　パサージュ・ドロルム……サン・トノレ通りからリヴォリ通りに通じるパサージュ。一八九六年に取り壊し。

一八〇七〜一〇年　ギャルリ（バザール）・サン・トノレ……サン・トノレ通り二五一番地からシルク・オランピック（フランコーニのサーカス座の円形劇場）に通じるパサージュ。最初ギャルリ・サン・トノレと呼ばれたが、一八二五年に取り

一八一一年　壊され、バザール・サン・トノレと改称。二度目の取り壊し年月日は不明。

一八一一年　ギャルリ・モンテスキュー……モンテスキュー通り三〜五番地からクロワートル・ド・ラ・コレジアルに抜ける二連のパサージュ。第二帝政期にデパート「ポーヴル・ディアーヴル」の拡張で取り壊された。

一八一二年　パサージュ・モンテスキュー……前記のギャルリ・モンテスキューに並行している関係で混同されることが多い。一九六〇年に取り壊された。

このうち現存しているものは、一七九九年開通のパサージュ・デュ・ケール、一八〇〇年開通のパサージュ・デ・パノラマの二つであるが、いずれも、当初はガラス屋根の支えは鉄ではなく木材が用いられていた。また建築学上の制約からか、あるいは開発費用の少なさからか、長さの割に、道幅は極めて狭く、三メートル前後である。ただ、「通り抜け」としての立地条件の良さもあり、今日でも人通りだけは多いのが特徴。

3　パサージュの繚乱期（王政復古期）

一八一五年六月、ナポレオンがワーテルローの戦いに破れ、ルイ十八世がパリに入城して、王政復古が実現すると、フランスはようやく革命と戦争の混乱期を抜け出し、資本主義的な発展期に入った。とりわけ、一八〇〇年前後に生まれ、第二のナポレオンとなることを夢見ながら、革命にも戦争にも「遅れてきた」世代、すなわち、バルザック（一七九九年生まれ）、ユゴー、デュマ（ともに一八〇二年生まれ）の「欲望世代」が青年期に達した一八二〇年代からは、資本主義の発展は加速度を増し、投機の情熱もまた一段と激しいものになった。

バルザックの『人間喜劇』には、この十九世紀最初のバブル期に投機で財産をなしたバブル紳士が何人も登場するが、そのバブル紳士たちの欲望が最も雄弁なかたちで現れたものが一八二〇年代開通のパサージュにほかならない。

このバブル時代に開通したパサージュは以下の通り。

一八二一年　パサージュ・ド・ロペラ（オペラ・パサージュ）……一九二五年に取り壊された。「失われたパサージュを求めて」二〇九頁参照。

一八二三年　パサージュ・デュ・ポン＝ヌフ……一九一二年に取り壊された。「失われたパサージュを求めて」二二一頁参照。

一八二三〜二五年　**ギャルリ・ヴィヴィエンヌ**（現存。「パサージュ・ガイド」02）

一八二四年　パサージュ・ラフィト……パサージュ・ド・ロペラを抜け、ル・ペルティエ通りをわたった場所からアルトワ通り（後にラフィト通り）へ通じていたパサージュ。新聞王エミール・ド・ジラルダンが所有していたことで知られる。

一八二四年　一九二五年に取り壊された。

一八二五年　パサージュ・デュ・トロカデロ……サン・トノレ市場からリヴォリ通りに抜ける位置にあったパサージュ。一八二六年に取り壊された。

一八二五年　**パサージュ・デュ・グラン＝セール**（現存。「パサージュ・ガイド」13）。

バザール・ブフレール（ギャルリ・ド・フール）……ブールヴァール・デ・ジタリアンからショワズール通りに抜けるパサージュ。一八二九年に火事で消失。ギャルリ・ド・フールとして再建される。全体の骨組みが鉄骨の最初のパサージュの一つ。一八七八年にクレディ・リヨネ銀行本店建設で取り壊された。

一八二六年　**ギャルリ・ヴェロ＝ドダ**（現存。「パサージュ・ガイド」01）

一八二六年　**パサージュ・デュ・ポンソー**（現存。「パサージュ・ガイド」16）

一八二六年　**ギャルリ・コルベール**（現存。「パサージュ・ガイド」03）

一八二六年　パサージュ・サン・ドニ……グレネタ通りからアンパス・バスフォールにかけて存在していたパサージュ。一八五四年にセバストポール大通りの開通で取り壊された。

一八二六〜二七年　**パサージュ・ショワズール**（現存。「パサージュ・ガイド」04）

一八二七年　ギャルリ・ド・ロペラ・コミック……パサージュ・ショワズールと同じ開発

母体によって作られた小さなパサージュ。パサージュ・ショワズールと並行するかたちでプチ＝シャン通りからマルソレイエ通りに抜けていた。世紀末に取り壊された。

一八二七年　パサージュ・デュ・ソーセッド……パサージュ・ブール・ラベと並行し、ティクトーン通りの延長上にあったパサージュ。一八五四年にセバストポール大通りの開通で取り壊された。

一八二七年　パサージュ・デュ・ソモン……一八九八年にパサージュ・ベン・アイアドに改装。現存するも閉鎖中。「失われたパサージュを求めて」二二六頁参照。

一八二七年　**パサージュ・ヴァンドーム**（現存。「パサージュ・ガイド」12）

一八二七年　**パサージュ・ブール・ラベ**（現存。「パサージュ・ガイド」14）

一八二七〜二九年　バザール・ド・ランデュストリ（グラン・バザール・ド・ランデュストリ・フランセーズ）……ブールヴァール・モンマルトルからモンマルトル通りに直角の角度をなして通っていた比較的大規模なショッピング・モール。一八七〇年頃に取り壊された。

一八二八〜三〇年　ギャルリ・ドルレアン……一九三五年に取り壊された。「失われたパサージュを求めて」二〇四頁参照。

一八二八年　**パサージュ・ブラディ**（現存。「パサージュ・ガイド」18）

一八二九年　パサージュ・サン・ターヌ……パサージュ・ショワズールからサン・ターヌ通りに抜ける支脈のパサージュ。現存するも、現在、閉鎖中。

このほか、一八二〇年代には、以下のパサージュが建設されたが詳しい資料は残っていない。

一八二X年　ギャルリ・フォワ……一八二六年以前に、ショセ・ダンタン通りからシテ・ダンティノに掛けて存在していたパサージュ。パサージュ・ショセ・ダンタンあるいはパサージュ・ダンタンとも呼ばれた。

一八二X年　パサージュ・ド・ラ・ヴィル・レヴェック……現在のパサージュ・ド・ラ・マドレーヌ（無屋根の通り抜け）の場所にあったパサージュ。一八三〇年代後半にはまだ存在していた。

このように、一八二〇年代というのはまさにパサージュ建設ラッシュで、パサージュの歴史の上でも、一つの頂点を迎えようとしていたが、その敷地の多くは、かつてアッシニャと交換に投機業者が手に入れた土地が転売されて所有者を変えたものにほかならない。いいかえると、この時代まではフランス革命の影響が続いていたのである。

ところで、このパサージュ黄金時代に開通したパサージュの立地条件を見てみると、いくつかの特徴を持っていることがわかる。

一つは、ギャルリ・ヴィヴィエンヌ、ギャルリ・コルベール、パサージュ・ショワズールに代表されるように、この時代の最も賑やかな盛り場だったパレ・ロワイヤルとグラン・ブールヴァールを連結する位置に建設されていること。オスマン改造以前のパリでは、車道も歩道も整備が行き届かず、歩行者は、泥だらけの道を歩かなければならなかったが、パサージュはこの不便を解消するために登場したのである。

第二は、ギャルリ・ヴェロ＝ドダやギャルリ・ヴィヴィエンヌを典型的な例とするように、この時期に開通したパサージュは、都市間の大型乗合馬車（ディリジャンス）や郵便馬車（ポスト）の停車場に近い場所が戦略的に選ばれていたこと。すなわち、メサジュリ・ロワイヤル社はノートル・ダム・ド・ヴィクトワール通りとモンマルトル通りを結ぶ中庭。カヤール・エ・ラフィット社（後に、中小のディリジャンス会社を統合してメサジュリ・ジェネラル・ド・フランス社と改称）がサン・トノレ通り、ブロワ通り、コック＝エロン通りほか数箇所に、また郵便馬車はジャン＝ジャック・ルソ

パリの道は、雨が降れば沼地と化した

ー通りに、それぞれ発着場を置いていたのである。

第三の特徴は、有名な劇場に近いということだろう。ルペルティエ通りのオペラ座に通じていたパサージュ・ド・ロペラ、オペラ・コミック座とブッフ・パリジャン座に支脈を通じていたパサージュ・ショワズール、ヴァリエテ座に通ずるパサージュ・デ・パノラマなどが典型であるが、いずれのパサージュも、なにかしらのかたちで近くに劇場やサーカス小屋などを有していた。

しかし、一八二〇年代におけるこうした「立地条件の良さ」は、時代が移り、インフラそれ自体に変化がもたらされると、そのとたんに、「立地条件の悪さ」に代わってしまうことになるのである。

4 最後の繁栄と衰退の開始

一八三〇年に七月革命が起こり、ルイ・フィリップを王座に戴く七月王政が成立すると、フランスは産業革命を経て発展に向かうが、この時期に、パサージュ建設熱は一段落する。

その理由はいくつかあるが、一つは、盛り場の覇権の移動が起こったこと。パレ・ロワイヤルが、「フランス国民の王」となった当主ルイ・フィリップの発した賭博禁止令と娼婦追放令によって急激に衰退し、グラン・ブールヴァールに覇権を奪われたのである。これにより、パレ・ロワイヤルとグラン・ブールヴァールを結ぶパサージュは存在理由が薄れ、一気に衰退に向かう。以後、この二つの盛り場を結ぶ地域にはパサージュは建設されなくなる。

この盛り場の覇権の移動は、七月王政下の資本主義の発展に伴って生じた格差社会の成立とあいまって、資本の集中現象を呼び起こし、パリの全域に散らばっていた商業地区はグラン・ブールヴァールへと一極集中することになる。

その結果、王政復古期の商業の中心であったサン・ドニ地区は衰退し、ここに多く建てられていたパサージュは軒並み閑古鳥の鳴くありさまとなる。

群衆のグラン・ブールヴァールへの集中は、劇場の再編ももたらした。商業地区の一極化に連動して、劇場も「過密劇場」と「過疎劇場」に分裂する。そのため、後者に隣接していたパサージュは連鎖的衰退を余儀なくされる。

ひとことでいえば、七月王政期には、「勝ち組」のパサージュ（パサージュ・デ・パノラマおよびパサージュ・ド・ロペラ）と「負け組」のパサージュ（ギャルリ・ヴィヴィエンヌ、ギャルリ・ヴェロ゠ドダおよび、サン・ドニ地区のパサージュ）という二極分解が生じたのである。

その結果、「負け組」パサージュの中には早くも閉鎖・取り壊しの運命を辿るところも出てくる。反面、資本一極集中のグラン・ブールヴァールには、一八四〇年代後半に至って新たにパサージュが建設されることになる。

一八四七年開通のパサージュ・ジュフロワと一八四六年開通のパサージュ・ヴェルドー

がそれである。

この二つのパサージュは、建設年代が後になったことから、建設資材が全面的に鉄骨化し、またガラスも進化しているので、一八二〇年代のパサージュに比べるとゴージャス感が出ていた。ために、他のパサージュが全面的衰退に向かう中、パサージュ・デ・パノラマとともに、よく時代の波に耐えたのである。

もう一つの、そして、決定的な変化要因は、都市間交通・通運のシステムが大型乗合馬車から鉄道に替わったこと。一八三〇年代後半から一八四〇年代にかけての鉄道建設ブームに伴ってパリの各所に建設された鉄道駅は、これまでの人の流れを完全に変えてしまったのである。メサジュリ・ロワイヤルやメサジュリ・ジェネラル（旧カヤール・エ・ラフィト社）、それに郵便馬車の発着場の近くにあるというパサージュの「立地条件の良さ」は、そのまま「立地条件の悪さ」に転じることとなる。

反面、鉄道駅と繁華街を結ぶ街区には、この時期になってもパサージュ（パサージュ・デュ・アーヴル）が建設されるが、しかし、鉄道駅の場所を予測しそこなったパサージュ・デュ・ピュトーのようなパサージュはついに一度も繁栄することなく、いきなり「負け組」パサージュの仲間入りをしてしまう。

七月王政下に開通したパサージュは以下の通り。

一八三五～三八年　ギャルリ・デュ・コメルス・エ・ド・ランデュストリ（バザール・ボンヌ・ヌヴェル）……ブールヴァール・ボンヌ・ヌヴェルの北側にあった大型商業施設。パサージュというよりも、いわゆるパルコ形式のデパートと呼ぶほうがふさわしい大型のショッピング・モール。地下一階・地上三階で、食料品から贅沢品までありとあらゆる商品を扱っていた。ブートンの「ディオラマ」が一八四〇年に設置されたことで知られる。一八九九年に取り壊され、「ア・ラ・メナジェール」というデパートに替わったが、このデパートも一九二〇年に火事を出して取り壊された。

一八三九年　**パサージュ・ピュトー**（現存。「パサージュ・ガイド」10）

一八三九年　ギャルリ（パサージュ）・ド・シェルブール……ペピニエール通りとロシェ通りを結ぶ現在のジョゼフ・サンブフ通りにあったパサージュ。パサージュ・デュ・ソレーユ・ドールという名の通り抜けにガラス屋根をかぶせて、一八三九年に開通したが、当初より不人気だったらしい。パサージュ・デュ・ソレーユとも呼ばれた。バルザックの『従妹ベット』の最後で、落魄したユロ男爵が代書屋の看板を掲げていたことで知られている。一九三三年に取り壊された。

一八四〇～四二年　ギャルリ・ベルジェール……ブール・ルージュと呼ばれた地区の再開

発で生まれたパサージュ。モンティヨン通りからジュフロワ・マリ通りへと抜けて、パサージュ・リシェへと続いていた。一九二七年に閉鎖されたが、パサージュのあった建物は現存。入口のアルカードはいまでも見ることができる。

一八四二年　パサージュ・リシェ……ギャルリ・ベルジェールと同じ開発母体によって、続きのパサージュとして開通。一九二七年頃に閉鎖されたが、建物は残っていて、「パサージュ・リシェ」という標識を読み取ることができる。

一八四六年　**パサージュ・デュ・アーヴル**（現存。「パサージュ・ガイド」11）

一八四五年　**ギャルリ・ド・ラ・マドレーヌ**（現存。「パサージュ・ガイド」09）

一八四五年　パサージュ・ド・ラ・ソルボンヌ……左岸にあったパサージュ。ソルボンヌ通りとパサージュ・サン・ブノワを結んでいた。一八五二年にエコール通りの開通で取り壊された。

一八四六年　**パサージュ・ヴェルドー**（現存。「パサージュ・ガイド」07）

一八四七年　**パサージュ・ジュフロワ**（現存。「パサージュ・ガイド」06）

5　完全なる衰退から忘却へ

一八四八年二月に起こった革命は、第二共和制を生んだ後、ルイ・ナポレオンのクーデターを経て、第二帝政へと至るが、この時期になると、パサージュは少数の例外を除いて建設されなくなる。なぜなら、集合的店舗の施設であるパサージュに替わって、いよいよデパートが登場するからである。一八五二年開業のボン・マルシェ、一八五五年開業のルーヴルなどのデパートは、第二帝政から第三共和制にかけて店舗を拡大し、広壮にして壮麗な「商業のカテドラル」となったが、それらに比べると、パサージュの「かつての豪華さ」は消費者の憫笑《びんしょう》しか呼ばなくなってしまう。

もう一つの衰退の原因は、オスマンによるパリ大改造で、新しい通りが計画的に通されることによって、公道から公道へのアクセスが格段に改善され、パサージュのような「通り抜け」を必要としなくなったことがあげら

1872年に改装なったボン・マルシェ。パサージュ衰退の原因となった

れる。また、オスマンの改造で、車道も歩道も整備され、街路での散策が可能になったため、散策（フラヌリ）のための施設としてのパサージュの特権が失われたのである。

しかし、それでも、盛り場の覇権がグラン・ブールヴァールにあるうちはよかったが、一八七五年の新オペラ座の完成に始まった盛り場の西への移動（マドレーヌ地区とヴァンドーム地区およびフォーブール・サン・トノレ通り）により高級店がブールヴァール・デ・ジタリアンやブールヴァール・モンマルトルから消えて以来、最後に残った「勝ち組」パサージュにも衰退の波はひたひたと押し寄せてきた。

決定的な打撃は、一九一四年の第一次世界大戦の開始で、これによりグラン・ブールヴァールの覇権が完全に失われ、パサージュも運命をともにすることになるのである。

なかでも象徴的なのは、一九二五年のブールヴァール・オスマンの完全開通で、パサージュ・ド・ロペラが消滅した「事件」である。

パサージュ・ド・ロペラは、一八七三年の旧オペラ座の消失にもかかわらず、なんとか生きながらえてきたが、一八六〇年から計画されていたブールヴァール・オスマンがブールヴァール・デ・ジタリアンと結びついたことで、ついに取り壊しが決まったのである。

この「パサージュ・ド・ロペラ」の解体という「事件」に最も敏感に反応したのは、ルイ・アラゴンとアンドレ・ブルトンである。二人は解体直前のパサージュを歩き、その天井から差してくる「緑色の光」に触発されてシュルレアリスムの方法論を確立し、まだ残っているパサージュを訪れるよう、アラゴンは『パリの農夫』（一九二六年刊）で、またブルトンは『溶ける魚』（一九二四年刊）で、それぞれ呼びかけた。

この呼びかけに答えたのが、一九二七年にドイツからパリに来ていたヴァルター・ベンヤミンである。ベンヤミンは、まだ残っていたパリのパサージュを歩き回り、国立図書館で古い資料を漁《あさ》って、近代社会のすべての思想的潮流はパサージュの建設に始まることを証明する畢生《ひっせい》の大作『パサージュ論』のためのノートを取りつづけた。

この『パサージュ論』の草稿は、ナチスに追われたベンヤミンの自死（一九四〇年）により盟友ジョルジュ・バタイユの手で国立図書館に隠された後、戦後に発見されて、親友のアドルノのもとに送られ、一九八二年に至って、ようやくズールカンプ社から刊行されることになる。

第二帝政以後に開通したパサージュは以下の通り。

一八五三年　パサージュ・ド・ラ・ソルボンヌ……前記の同名のパサージュとは別のパサージュ。今日のシャンポリオン通りに造られたが、一八六五年に取り壊された。

一八六〇年　**パサージュ・デ・プランス**（現存。「パサージュ・ガイド」08）

一八九八年　パサージュ・ベン・アイアド……パサージュ・デュ・ソモンを改装したパサージュ。現在、閉鎖中。

一九二四〜二六年　**アルカード・デ・シャン＝ゼリゼ**（アルカード・デュ・リド。現存。「パサージュ・ガイド」19）

6　劇的な復活、だが、顕在化する危機

一九八二年のベンヤミンの『パサージュ論』出版を契機として、にわかに見直し機運のたかまったパサージュは、おりからのモード・レトロの波に乗り、二十世紀末に至って、ギャルリ・ヴィヴィエンヌやパサージュ・ジュフロワなど一部が劇的に復活した。じつに、「百年の孤独」ならぬ、「百五十年の衰退」ないしは「百五十年の忘却」を経たあとである。

だが、衰退し、忘却されているうちは及ばなかった商業資本の魔手がしだいにパサージュに及び始めた今日、かえって危機は顕在化しつつあるともいえる。つまり、過去の記憶をすべて消し去ってしまうような再開発が行われようとしているのである。

パサージュ・デュ・グラン・セール型の再開発ならまだしも、パサージュ・デュ・アーヴルのような再開発が行われたら、パサージュの魅力は完全に失われる。集団の記憶が残るか否か、いまや、一九二五年に継ぐパサージュの危機が訪れようとしているのである。

Ⅱ

パサージュ文学全集

失われたパサージュを求めて

ギャルリ・ド・ボワ

一七八六年に誕生したギャルリ・ド・ボワは、厳密な定義ではパサージュとは呼べないが、その雰囲気、目的、繁栄と急速な没落などの点から言って、まぎれもなくパサージュのプロトタイプの一つに数えられるものだろう。このギャルリ・ド・ボワの解説に関して、バルザックの『幻滅』の一節以上に完璧なものはないので、それを全面的に借用することにしよう。

まず、ギャルリ・ド・ボワの保存状態の悪さがバルザックの非難の的になる。

「この時代、ギャルリ・ド・ボワはパリでも最も有名な人気スポットとなっていた。ゆえに、ここで、この小汚いバザールを描写してみるのも益なきことではあるまい。それというのも、ギャルリ・ド・ボワは、パリ生活において三十六年の長きに渡って、かくも重要な役割を演じていたので、いまの若者にとっては信じられないような以下の描写も、四十歳以上の人々にとってはなお喜びの種になるにちがいないからだ。

花のない温室にでもたとえられる、天井が高く幅の広い冷え冷えとしたギャルリ・ドルレアンがいまある場所に、バラック、より正確には板囲いのあばら家ともいうべきものの群れが建っていた。屋根はガラスで覆われているとはいえ、その面積は小さい。格子窓で中庭と庭園から採光しているが、かなり薄暗く、その格子窓もクロワゼという名前こそついてはいるものの、市門外の安居酒屋の一番汚らしい窓と選ぶところがない。両脇と真ん中に三列、ブティックが並び、十二ピエほどの高さの歩廊を二つかたちづくっている。

真ん中に陣取るブティックは二つの歩廊に面していたが、歩廊の大気のせいで毒気を含んだ空気が流れ、天井ガラスがいつも汚れていたので上からの光はほとんど入ってはこなかった。しかし、こうした蜂の巣の穴のようなバラックでも、次から次へと大量の群衆が押し寄せるので、賃料は高く、せいぜいのところ幅六ピエ・奥行き十ピエしかない狭い店舗でもその年額賃料は一〇〇〇エキュ（三〇〇〇フラン）もした。

中庭と庭園から採光している両側のブティックは、小さな緑の生け垣で保護されていたが、それはその背面になっている粗末な漆喰壁に群衆が触れて壊すのを防ぐためである。その結果、そこには二、三ピエの空間ができ、学名も知られていないような植物がなんとも奇妙なかたちに繁茂して、負けず劣らず繁盛しているさまざまな業種の商売の製品とまじりあっていた。たとえば、バラの木の上に刷りそこないの広告ビラが載り、レトリックのバラの花が、この手入れの悪い、臭い水しか撒かれない庭の発育不全の花から香りを頂戴しているという具合。ありとあらゆる色のリボン、あるいは出版案内のパンフレットが植物の葉の間に花を咲かせていた。モードの商品が植物の生育を妨げ、リボンの結び目が緑の葉群の上にあるかと思えば、ダリアの花をかたどったサテンの花結びもあり、なんて素晴らしい花なんだと思って近寄って見た人を落胆させたりする。中庭側であれ、庭園側であれ、この面妖な宮殿を眺めていると、パリの不潔さが生んだ最も奇妙なものの実態をつかむことができる。雨風に洗われた石灰壁、修繕された漆喰、古びたペンキ、突飛な掲示。さらには、中庭側であれ、庭園側であれ、パリジャンたちが緑の生け垣を排泄物で汚すのだ。こんなだから、どちらの側も、胸糞悪くなるような悪臭の漂う囲いを設けて、上品な人たちにはギャルリ・ド・ボワには近づくなと命じているかのようであった。

だが、ファンタジー物語の中で、王子さまが姫と自分を隔てるために悪い妖精が置いた障害物や竜などを少しも恐れることのないように、上品な人々もこの恐るべきギャルリ・ド・ボワの前でたじろぐことはない。

ギャルリ・ド・ボワは、今日と同じように、一本の歩廊（パサージュ）が真ん中を横断しており、今日と同じように、二つの柱廊を通ってそこに行くようになっていた。この柱廊は大革命の前に着工されたのだが、資金難から工事が中断してしまったので

ギャルリ・ド・ボワの賑わい。中の構造がよくわかる

ある。テアトル・フランセに通じるギャルリ・ド・ピエール（石の歩廊）は当時は狭くて天井だけがやけに高いパサージュになっていて、天井ガラスも状態が悪くなっていたのでしばしば雨が漏った。ここは、ギャルリ・ド・ボワと区別するためにギャルリ・ヴィトレ（ガラス張りの歩廊）と呼ばれていた。

とはいえ、このあばら家の屋根はどこもひどい状態だったので、所有者のオルレアン家は、カシミアと布地を扱うさる有名な商人から訴訟を起こされるはめになった。というのも、一晩のあいだに、相当額の商品が雨に濡れて台なしになってしまったからである。商人は訴訟に勝った。シュヴェが財産を築くきっかけとなったギャルリ・ヴィトレの地面とギャルリ・ド・ボワの地面の土とは、通行人たちがブーツや靴の裏につけて運んできた他所の土がパリの土に付け加わってできた人工的な土なのである。いつ行っても、足の裏は踏み固められた泥からなる山と谷にぶつかる。その泥の山と谷は商人たちがいくら箒で平らにしようとしても、かならず出来上がってしまうもので、新参者がその上を歩くにはある種のなれが必要であった。

いまわしい泥のこの堆積、雨とほこりが垢のようにこびりついたこのガラス屋根、外側をボロで覆ったこの平たい小屋、工事途中の壁の汚らしさ、これらのものすべてが、ロマ民族の野宿を思わせ、巡回市のバラックを連想させた。ようするに、それはパリで建築途中で放棄されたモニュメントの回りを囲んでおく仮建築の小屋のようなものなのである。そして、こうした渋面をうかべた顔のような建物の外観は、この恥知らずの仮小屋の下にうごめく、図々しく、おしゃべりで、狂ったように陽気な雑多な商売とよく似合っていた。

ここでは、一七八九年の革命から一八三〇年の革命までの間に巨大な商取引が行われたのである。二十年間、証券取引所は、ギャルリ・ド・ボワの真ん前にあるパレ・ロワイヤルの宮殿の一階に置かれていた。かくして、政治や経済のかけひきと同様、世論も、評判もここで作られては消されていった。証券取引の前と後に、仲買人たちはこのギャルリで打ち合わせをした。銀行家と商人のパリがしばしばパレ・ロワイヤルの中庭を埋め尽くし、雨がふったりすると、ギャルリの屋根の下にみながなだれこんできた。手品のようにこの場所に出現したこの建物は、その建築的な性質のゆえか、奇妙なほど音響効果がよかった。弾けるような笑い声が充満し、片方の端でケンカが起きると、もう片方の端に内容が知れ渡っていた。ここにあるものといえば、本屋と詩と政治と散文であり、モードの商品であり、そして、夜だけ顔を出す娼婦であった。ゴシップと書物、新しい名声と古い名声、政治の陰謀と出版業界の欺瞞《ぎまん》が、それぞれ花を咲かせていた。そこでは、最新流行の品々が大衆に売られ、大衆はそれらをここでしか買おうとしなかった。たった一晩のうちにポール・ルイ・クーリエのかくかくしかじかの檄文やルイ十八世の憲章に向けてオルレアン家が放った第一撃ともいうべき『ある王の娘の冒険』が何千部と売れることもあった」

こうして、執拗な描写でギャルリ・ド・ボワの小汚さが強調されるが、いよいよ、主人公のリュシアン・ド・リュバンプレがジャーナリストの友人ルストーに案内されて登場すると、ギャルリ・ド・ボワが、なぜ、そうした不潔さや小汚さにもかかわらず、パリ随一の盛り場として賑わっていたのか、その解説の方に力点が置かれるようになる。

「リュシアンがそこに姿を見せた頃には、ブティックによってはかなりエレガントな店構えやショーウィンドーをもっているところも何軒かはあった。もっとも、そうした小ぎれいなブティックは庭園や中庭に面した列の方にあり、二つの歩廊に挟まれた真ん中の列のブティックは、完全に開け放しの状態で、田舎の巡回市のブティックのように木の柱で両側から支えられていた。そのため、客の視線は店の商品やドア・ウィンドー越しに向こう側の歩廊へと運ばれていくのだった。こんな状態が建築家フォンテーヌの振り下ろす槌によってこの奇妙な植民地が崩壊する日まで続いたのである。

こんな場所で火をたくなどということは不可能だったから、商人たちは足温器しか持ち込まず、自分たち自身で火の見回りをしていた。というのも、太陽の熱ですっかり乾燥しきっている板囲いの共和国はもしなにか不注意でもあったら、十五分もしないうちに炎に包まれていること必定だからである。それでなくても、売春の炎に焼かれ、紗やモスリンや紙などが詰め込まれ、ときに透き間風が吹き抜けていくのだから、火がついたらひとたまりもなかった。帽子店の店先には、想像もつかないような類いの帽子がいっぱい並んでいたが、それらは売るためというよりも展示するためにそこにあるといった感じで、先端がキノコ形になった針金の爪に何百となく引っかけられ、その多彩な色彩で歩廊に彩りを添えていた。二十年このかた、散策者たちはこれらの帽子はいったいどんな人の頭に載ってその生涯を終えるのだろうかといぶかしがったものである。売り子たちはがいして不器量だったが、ひどく威勢がよく、魚市場のやり方と言葉づかいにならって、たくみな口上で女性客をつかまえていた。眼差しが生き生きして、言葉も負けずに達者な一人の売り子などは、椅子にこしかけて、通行人に次々に声をかけていた。〈マダム、素敵な帽子がありますよ〉〈ムシュー、なにか一つ買ってくれませんかね〉。彼女たちの豊かで面白い語彙は声の抑揚や眼差し、あるいは通行人に対する批評などで無限に変化した。書店とモードの商人たちは仲良く共存していたのである。

妙に豪勢に『ギャルリ・ヴィトレ〈ガラス屋根のギャルリ〉』という名前がついているパサージュには、なんとも珍奇な商売が店を構えていた。すなわち、腹話術師、ありとあらゆる種類の香具師、何一つ見るにあたいするもののない見世物、そして、全世界を見せると称する見世物などがある。ほうぼうの巡回市を渡りあるいて七、八万フランは稼いだと豪語する男が初めて店を構えたのもここだった。その店の看板オブジェは、黒い枠の中で回転している太陽で、その太陽の回りには赤い文字で次のようなことが書き付けられていた。〈ここでは、神さえも見たまわぬものを見ることができます。料金二スー〉。入口で怒鳴っている男は、かならず客に付き添って入るが、決して客を二人いっぺんに入れない。客は中に入ると、大きな鏡と対峙させられる。すると、突然、ベルリン人ホフマンさえ驚かすような声が、バネ仕掛けのボタンを押したように響き、〈さてさて、みなさんがた、とくとご覧あれ、それこそは、神が永遠に見ることのあたわなかったもの、すなわち、同類であります。神は同類を持ちたまわぬのであります！〉と告げる。客は恥ずかしさのあまり、自分の愚かさを人に伝える勇気をもたないという仕組みである。どの小屋の扉からも似たような声が響き、コスモラマだとか、コンスタンチノープルの眺めだとか、人形劇だとか、チェスをする自動人形だとか、仲間のうちで一番の美人を見分ける犬だとかを盛んに宣伝していた。かの有名な腹話術師フィッツ＝ジャムがエコール・ポリテクニックの生徒たちと一緒にモンマルトルの攻防戦で死ぬ前は、カフェ・ボレルで当たりを取っていたのである。また果物売りの女や花束売りの女もいたし、有名な仕立て屋もここに店を構えていた。その店の軍服の金の刺繡は夕方になると太陽のように輝くのだった。

午前中、さらには午後二時までのギャルリ・ド・ボワはひっそりとしていて、暗く、人通りもない。商人たちは、まるで自宅にいるようにおしゃべりしている。パリの人間たちがここで落ち合うのは、午後三時を過ぎたあたり、つまり、証券取引所の閉まる時間である。群衆があつまり始めると、本屋の店先で立ち読みをする者が出てくる。たいていは、文学に飢えているが金のない若者たちである。店員たちは、並べられた本の番をすることになっているのだが、貧乏な連中がページをめくるのを寛容にも見逃してやっている。『スマラ』『ペーテル・シュレミール』『ジャン・スボガール』『ジャコ』などの十二折り二百ページの本なら二回の立ち読みで、完読できた。この時代には、まだ読書クラブというものは存在せず、本を読むには買うしかなかったのである。ために、当時、小説は今日では想像もつかないほどの部数が売れたのである。そんなわけで、読書欲に燃えながら貧乏な青年たちの若き知性に対するこうした施しの中には、どことなくフランス的なはからいがあったのである。

このすさまじいバザールのポエジーは、夜の闇が降りると同時に炸裂する。ありとあらゆる近くの通りから、ものすごい数の娼婦たちがやってきて、ここでショバ代を払うことなくうろつき始める。つまり、パリのあらゆる地点から娼婦たちの軍団が、〈パレ〉をしにやってくるのだ。パレ・ロワイヤルの三つの回廊であるギャルリ・ド・ピエールの方は、金を払って特権を得ている娼館の領分で、これらの店は、アルカードからこのアルカードまで、あるいは庭園のこの区画というように、プリンセスのように着飾った娼婦たちを通行人の目にさらす権利を買い取っている。いっぽう、ギャルリ・ド・ボワのほうは、売春にとっての公共広場のようなものである。とりわけ、〈パレ〉はそうだった。この時代、〈パレ〉とは売春の殿堂を意味していたのである。女はそこにやってきて、獲物を引っ掻け、どこでも好きなところへ連れて行くことができた。そのため、夜になると、ギャルリ・ド・ボワには、こうした女たちに引き寄せられてくる男たちがおびただしく集まり、人はそこで、行列か仮面舞踏会にでも参加したように、そろそろと歩かねばならないほどだった。といっても、こうした牛歩行進でだれが迷惑するというわけでもなく、女たちの品定めをするにはかえって好都合だった。その女たちの格好たるや、今日ではもうお目にかかれないもので、デコルテは背中まで届き、前の抉《えぐ》りもまた同じように下のほうまで行っていた。男どもの視線を引き付けるためか、髪のスタイルもとんでもないものが発明され、ある女はガチョウ風、またある女はスペイン風に髪を結っているかと思えば、別の女はムク犬のように髪にカールをかけ、また別の女は真ん中からなめらかな髪を分けていた。女たちは白靴下をはいてはいるが、どうやるのか、うまくチラリと人目にさらし、そのくせ、下品に堕することがない。いずれにしろ、こうした猥らな詩も、いまとなっては遠い昔のことである。女と男のやり取りの猥褻さ、場所柄にいかにも似つかわしいこうした大ぴらな露骨さは、こんにち各所で開かれている仮面舞踏会でも有名なダンスホールでももはや見いだすことはできないのである。それはひどいものだったが、なんとも陽気なものだった。女たちの肩と乳房のまぶしいばかりの白い肉が、たいていは黒ずんだ男たちの衣服の真ん中で照り輝き、これ以上はないほど見事な対照をなしていた。男女のさんざめく声と歩き回る足音が一つのつぶやきのようなものになり、庭園の真ん中にまで届いていた。それは、娼婦たちの弾けるような笑い声とごくたまに聞こえる口論の叫び声からなる連続的な低音のようであった。きちんとした身なりの人や有名人が、ここでは、いかにも悪党面をした男たちとひじつきあわせていた。この怪物じみた集合体にはいわく言いがたい刺激的なものがあり、どれほど鈍感な人でも心を動かされずにはいなかった。だからこそ、パリ中の人たちが最後の最後までここに足を運んだのである。建築家が地下の工事をするために渡した板の上を群衆は散歩した。そして、この汚らしい板囲いがすべて撤去されたとき、だれもがみな声を大にして哀惜の念を口にしたのである」

このバルザックの素晴らしい描写に付け加えるべきものはほとんどないが、多少、解説を加えておけば、ギャルリ・ド・ボワの取り壊し令が発せられたのは思いのほか早く、一七九九年の総裁政府令で、すでに、ギャルリ・ド・ボワの全面的解体と石造りのギャラリーの建造が命じられている。

だが、実際には、工事の着手は遅れに遅れ、ルイ・フィリップがパレ・ロワイヤルの所有者に返り咲いた後でも、立ち退き交渉はいっこうに進まず、一八二〇年には、契約の更新がまた認められてしまうという事態に立ち至った。

しかし、一八二七年の七月、所有者のルイ・フィリップによってついに全面的解体の布告がなされ、十月から作業が開始された。しかし、このときの解体工事はギャルリ・ド・ボワの半分までしか及ばなかったので、残りの半分の店は一八二九年一月まで営業を続けていた。また、バルザックが「ギャルリ・ヴィトレ」と呼んでいるテアトル・フランセに通じるパサージュが解体されたのは一八三〇年二月のことである。

ギャルリ・ドルレアン

リヴォリ通りを設計したことで有名な建築家ピエール・ルイ・フォンテーヌが、王政復古でパレ・ロワイヤルの所有者に返り咲いたルイ・フィリップからギャルリ・ドルレアンの建築を依頼されたのは一八一八年のことだった。だが、ギャルリ・ド・ボワのところで記したように、立ち退き交渉の遅れなどから、ギャルリ・ド・ボワの解体に着手したのはようやく一八二七年になってからのことである。

完成したのは一八三〇年の初め。

両側にブティックが並び、歩廊の上はガラス天井というパサージュ形式のギャラリーは、ギャルリ・ド・ボワと違って、一列だけだったが、中庭側と庭園側にも屋根付の歩廊があり、ここでウィンドー・ショッピングを楽しむこともできた。ただし、この両サイドの歩廊の上はガラスではなく石で覆われ、その上には花壇のテラスがのっていて、オルレアン公はアパルトマンからこの花壇に出ることができた。

中庭と庭園の境目にはドーリア式の柱列がズラリと並んで、花壇のテラスを支える格好になっていた。このドーリア式柱列だけは今日でも残っている。

長さ六十五メートル、幅八・五メートルというたっぷりとした造りのパサージュには、二十四軒のブティックが並び、完成直後には、鉄と石を巧みに組み合わせたその完璧な建築美、それに他のパサージュには見られないような贅沢なファサード装飾で、多くの人々の称賛を呼んだ。

テナントとして入居したのも、ギャルリ・ド・ボワと同じく、最新流行のモードの店、帽子店、靴店、書店、読書クラブ、それにカフェやレストランで、いずれも一流店として通っていた店ばかりである。

だから、さすがはフォンテーヌだけあると、とりわけ外国人には称賛された。一八三五年にここを訪れたイギリス人のトロロープ夫人は、次のような証言を残している。

「ギャルリ・ドルレアンは、いつの時間でも賑やかで陽気な光景を示しているが、とりわけ、食事の後で、演劇が始まる前の時刻には、パリという町の完璧な縮図を見せてくれる。つまり、生気に満ち、よく笑い、愛すべき暇人がたくさんいるパリという町の縮図を」（『パリとパリジャン　一八三五年』）

また、建築の勉強のためにパリを訪れた建築家の卵たちは、一様にこのギャルリ・ドルレアンに感銘を受け、祖国に帰ってから、これに負けないような壮麗なパサージュを建築しようと心に決めた。ブリュッセルのギャルリ・サン゠テュベール（一八四七年）を建てたクリュイセナール、ミラノのガレリア・ヴィトリオ＝エマヌエーレ二世（一八六七年）を設計したメンゴーニなどは、こうしたギャルリ・ドルレアンの巡礼者の仲間である。

しかし、美しく、立派であれば客が来るかと言うと、そうはいかないところに、パサージュの難しさがある。バルザックが『幻滅』で「花のない温室にでもたとえられる、天井が高く幅の広い冷え冷えとしたギャルリ・ドルレアン」と形容したように、この新しいパサージュにはパリジャンを引き付ける何かが欠けていたらしく、開業当初から客の足は伸びなかった。

さらに、一八三〇年の七月革命で「フランス人の王」にかつぎ出されたルイ・フィリップが、自分の所有する商業施設が「売春と賭博の悪の殿堂」と呼ばれることを嫌って、まず一八三二年に娼婦を追放し、ついで一八三六年には賭博場を完全に締め出したが、これがギャルリ・ドルレアンのみならず、パレ・ロワイヤル自体の衰退の引き金となってしまったのである。

それ以後、二度と客の波は戻らなかった。ギャルリ・ドルレアンの両側の店舗からはまるでクシの歯が抜けるように一流店が去り、あとには、さながら霊場のようにひっそりかんと静まり返った空気だけが残された。

一八九三年、『モンド・イリュストレ』の記者は、このギャルリ・ドルレアンを見学して次のように記している。

「いったい、このアルカードのある巨大な霊廟は、どうなってしまうのであろうか？　どこも空き家となったブティックは、徹底抗戦主義者のテナントが現れるのを空しく待ち続けている。全面的取り壊しとなるのか、それとも街区全体を新しく作り替えるのか？　どちらも可能性充分である」

「花のない温室」と呼ばれたギャルリ・ドルレアン

一九〇〇年の万博に際し、植民地省は、ギャルリ・ドルレアンに植民地の展示スペースを設けることに決め、若者を旅へ誘うような展示ルームを設けた。翌年には、ギャルリ・ドルレアンの全部のスペースを展示ルームと事務所に変える計画を練ったが、実現には至らなかった。

この植民地省の展示ルームだけは、ギャルリ・ドルレアンからほとんどのブティックがいなくなったあとでも残り、そのうらぶれた南国情緒で、通り過ぎる人に、ある種の感慨を誘っていた。パレ・ロワイヤルの住人だったシドニー・ガブリエル・コレットは、こんなスケッチ

1935年に解体されたギャルリ・ドルレアン。
両側の柱列のみ現存する

を残している。

「古い植民地省のオフィス……これはギャルリ・ド・シャルトルとギャルリ・ドルレアンの名誉を汚していた。もっとも、ギャルリ・ドルレアンの天井のガラスはひびが入り、通行人を雨風から守ることはできなかった。植民地省の展示しているエキゾチックな宝物というのも、色の褪せたオセアニアの蝶々、堅い木の見本、それに、シュロ林、タヒチのココナツの木、マルセサス島の滝の写真などにすぎなかった」（『3-6-9』一九四五年刊）

一九三三年、ギャルリ・ドルレアンはついに取り壊しが決まり、一九三五年には、両脇のドーリア式の柱列を除いて、その壮麗なパサージュの全てが姿を消した。

パサージュ・ド・ロペラ（オペラ・パサージュ）

パサージュ・ド・ロペラはその名が示す通り、オペラ座に隣接して建てられていたが、そのオペラ座というのは、シャルル・ガルニエの設計になるあの壮麗なオペラ座（竣工一八七五年）ではなく、ルペルティエ通りに面していた旧オペラ座であった。

このルペルティエ通りのオペラ座の建設が決定されたのは一八二〇年八月のこと。王座に復帰したブルボン王朝の大切な世継ぎであるベリー公（後のシャルル十世の第二王子）が一八二〇年二月十三日、当時、ルーヴォワ通りにあったオペラ座に向かう直前、ルヴェルという男に暗殺されたため、この不吉なオペラ座は取り壊して、新しいオペラ座を建設しようということになったのである。

だが、用地難と資金難が重なり、さらに建設のための時間も取れないことから、オペラ座は木造の仮建築でいくことが決まり、用地が物色された結果、ルペルティエ通りに面した旧ショワズール公爵の邸宅跡が選ばれた。この用地は、目抜き通りのブールヴァール・デ・ジタリアンに面していないという決定的な欠点があり、いかにも中途半端な感は否めなかったが、急場をしのぐ暫定的なオペラ座ということで、ゴー・サインが出たのである。

一年後の一八二一年八月十三日、オペラ座は完成したが、やはり、ブールヴァール・デ・ジタリアンから直接入場できないというアクセスの悪さはいかんともしがたかった。ルペルティエ通りは道幅が狭いので、馬車でやってきた観客は渋滞で困惑することになる。

このアクセスの悪さを見て、天啓のように妙案が閃いたのは、旧ショワズール公爵邸のブールヴァール・デ・ジタリアンに面した一隅を所有していたモレルド・ヴァンデ子爵。子爵は、自己所有の敷地にパサージュを設け、ブールヴァール・デ・ジタリアンからオペラ座に入れるようにすれば、パサージュは千客万来だろうと踏んだのである。

そこで、モレルド・ヴァンデ子爵は、パサージュ建設の許可を当局に願い出たところ、一八二二年七月に許可が降りたので、有名な銀行家のオーベルカンプを中心とするパサージュ開発事業団に二十七年契約で敷地を賃貸することにした。

こうして、ただちにパサージュの建設が開始されたが、まだそれが完成を見ないうちに、投機心に富む子爵はさらなるアイディアを思いつく。ギャルリ・ド・ボワにならって、最初のパサージュと並行する第二のパサージュを造り、両者を背中合わせにしてはどうかと考えたのである。このアイディアはとくに支障もなかったので、一八二三年四月に建設許可が降り、この年の間に、双子パサージュは、目出度く完成にこぎつけたのである。

子爵は、ブールヴァール・デ・ジタリアンから向かって右（東側）に入口を持つ歩廊にギャルリ・ド・ロルロージュ（柱時計の歩廊）、向かって左（西側）に入口のある歩廊にギャルリ・デュ・バロメートル（晴雨計の歩廊）と、それぞれ入口に置かれたオブジェにちなむ名前を与えた後、二つを総称して、パサージュ・ド・ロペラと称したのである。

二つの歩廊は、途中二カ所ほど連絡通路で連結されていた上、その奥では、オペラ座横に設けられた中庭に接続していた。この中庭からは、ルペルティエ通りとグランジュ＝バトルリエール通りの両方に通じる通り抜けが設けられていたが、この通り抜けはパサージュという名はついていても、当初は、ガラス屋根では覆われてはいなかった。また、ガラス屋根で覆われた後も、店舗が両脇に設けられることはなかったのでパサージュのうちにはカウントされない。

パサージュ・ド・ロペラは、入居している建物がブールヴァール・デ・ジタリアンに対して斜めに建てられているという構造ゆえ、その二つの入口も斜めになっていたが、その点を除けば、隣接するパサージュ・デ・パノラマよりもはるかに洗練され、造りも立派なパサージュだった。そのため、『パリ　あるいは百と一の書』の「パサージュ」の項目では、ケルメルに次のように称賛されている。

「パサージュ・デ・パノラマに比べて、このパサージュは建築もより豪華でリッチであり、外見も落ち着いている。パサージュ・デ・パノラマが商人であるとすれば、パサージュ・ド・ロペラは年金生活者であり、前者が流しの娼婦であるとすれば、後者は誇り高く家名を誇っている貴婦人である」

テナントは、ロケーションの良さから一流店が入居し、どこも大変な賑わいを見せた。モードや小間物屋のほか、感じのよいカフェ、高級レストラン、夜間ダンスホールなどが入っていたが、なかでも人気を集めていたのが、高級有料トイレである。この高級トイレは、衛生状態も、快適さも完璧で、トイレの少なさと汚さが悩みの種だったパリジャンからは大歓迎された。

夜間ダンスホールというのは、有名な「バル・ディダリ」つまり、以前はマルブフ通りにあったイダリ・ダンスホールのことで、冬の間、毎週、日曜日と木曜日の夜に開かれた。入場料は二フランだった。他の曜日には、カフェ・ディダリとして開放され、六十サンチ

解体直前のパサージュ・ド・ロペラ。ギャルリ・ド・ロルロージュ入口

ームでドリンクが供されたほか、ピストルや銃による射撃場も利用することができた。

パサージュ・ド・ロペラにはまた劇場も設けられていた。ジムナーズ・アンファンタン座で、パサージュ・ショワズールのコント劇場のむこうを張って、子供向けの劇やスペクタクルを上演していた。

このパサージュのもう一つの売り物は、ギャルリ・デュ・バロメートルに設けられていた「ウーロポラマ」で、ヨーロッパ各国の首都の景観が光学器械を使ってスクリーンに映し出されていた。

パサージュ・ド・ロペラは、ブールヴァール・デ・ジタリアンに面してオペラ座に通じるというその立地条件の圧倒的な良さゆえに、パリでも最も賑わうパサージュの一つとなり、また客筋も他のパサージュに比べてエレガントだったが、ただ、一つだけ、時間によって混雑と閑散が交錯するということが欠点としてあげられていた。すなわち、証券取引所が近かったこともあって、午後には金融関係者でカフェやレストランが一杯になるが、それが過ぎると、今度はオペラの開始時間に待ち合わせ客が来るまで閑散としているのである。

では、こうした「空きの時間」にパサージュ・ド・ロペラを散策しているのはだれかというと、それはパレ・ロワイヤルからグラン・ブールヴァールに河岸を替えた娼婦たちで、彼女たちを目当てとする鼻下長族も、ここを良い漁場と見なしていた。ギャルリ・ド・ボワが一八二八年に解体された後、そこにいた常連たちは、構造のよく似たこのパサージュ・ド・ロペラにそっくり移動してきたのである。

だが、パサージュ・ド・ロペラにも、他のパサージュを襲った衰退の波がやってくる。そのきっかけとなったのは、一八五八年の一月にオペラ座に向かおうとしたナポレオン三世夫妻がルペルティエ通りでオルシニの爆弾に襲われた事件で、これをきっかけに新オペラ座の建設が決まり、盛り場の中心が、同じグラン・ブールヴァールでも、新オペラ座を越えた西側へと移っていくのである。

さらに、衰退を決定づけたのが、一八七三年十月に、まだ営業を続けていたルペルティエ通りのオペラ座が大火で消失した事件である。幸い、パサージュ・ド・ロペラは類焼を免れたが、人の流れを決める片方のモニュメントが失われては、通り抜け道としての意味もなくなる。かくして、わざわざパサージュ・ド・ロペラに足を運ぼうとする人間はいなくなったのである。

パサージュ・ド・ロペラにとって、泣きっ面に蜂となったのは、オスマンの第三次パリ改造計画で、後にブールヴァール・オスマンと呼ばれることになる大通りが、ブールヴァール・モンマルトルの延長上に造られることになり、パサージュ・ド・ロペラのあるブールヴァール・デ・ジタリアンの土地がまるごと道路に呑み込まれると決定したことだった。取り壊しが運命づけられている商業施設にあえて入居しようというテナントはいないからである。

第二帝政期のパサージュ・ド・ロペラ。ギャルリ・ド・バロメートル入口

かくて、かつては栄華を誇ったパサージュ・ド・ロペラも、荒廃が進み、テナントもやるきのない業種ばかりになってしまった。

だが、その落魄ぶりが、ある種の詩情を醸し出す結果になったのである。

そして、この落魄のポエジーに引かれて集まってきたのがルイ・アラゴンやアンドレ・ブルトンらのシュルレアリストだった。彼らは、このパサージュにあるカフェ・セルタやカフェ・ル・プチ・グリヨンに集まり、ダダを、そしてシュルレアリスムを生み出していくのである。

「われわれの都市は見知らぬスフィンクスに満ちているが、そのスフィンクスは夢見がちな通行人が彼らにむかってその瞑想的な放心を向けることがないかぎり、呼び止めることはないし、死にかかわるようななぞを投げかけることもない。だが、その通行人がそのスフィンクスの投げかけるなぞを推測する術を知っているなら、それもまた彼自身の深淵となり、この顔のない怪物によって、ふたたび、その深淵の深さを測ることになるのだ。突飛なもののモデルヌな光、以後、これが、その通行人を捉えることになるのである。パリのグラン・ブールヴァール付近に多いこの種のガラス屋根つきギャラリーには、突飛なもののモデルヌな光が、なんともビザールな感じで満ちている。人々はこのギャラリーを《パサージュ（通過）》という、こちらをたじろがせるような名前で呼んでいる。まるで、直射日光を避けたこのギャラリーでは、一瞬以上長く立ち止まることがだれにも許されていないかのように。その海緑色の光は、どこかしら深海のような雰囲気を漂わせているが、突然、スカートがめくれて女性の脚が見えたときのような明るさを見せることもある。パリの地図を正確に切り直そうと試みた第二帝政のあるセーヌ県知事によって首都に輸入されたアメリカ的な大きな本能が、原初的な生命をとっくに終わっていまは死んでいるこの人間水族館の維持を不可能なものにしてしまうだろう。だが、それは、いくつかの現代の神話の隠匿者と見なされるだけの価値があるのだ。というのも、鶴嘴《つるはし》がその人間水族館を脅かす今日になって初めて、それは、実際に、エフェメラに対する信仰の聖域となり、そして、快楽と呪われた職業の幻影的な光景となったのだ。昨日でも、そんな職業は理解不能だったのだから、明日では永遠に知ることはなくなるであろう」(アラゴン『パリの農夫』)

ルイ・アラゴンは、日刊紙「アントランジジャン」で、「今日、ブールヴァール・オスマンがラフィト通りに到着」という見出しを読み、パサージュ・ド・ロペラまであと一区画分しか残されていないことを知る。ブールヴァール・オスマンは、パサージュ・ド・ロペラの「カフェ・ルイ十六世」のあたりで、ブールヴァール・デ・ジタリアンと合流することになっているのだ。

そこで、次のように呼びかける。

「私が取り上げているこのパサージュ・ド・ロペラを散策し、それを検分したまえ。それは、北の方ではシーシャ通りに一つの出入口で開き、南の方では二つの出入口によってブールヴァール・デ・ジタリアンに向かって開いている二重のトンネルである。この二連のギャラリーのうち、西のほうがギャルリ・デュ・バロメートルであり東の方がギャルリ・デュ・テルモメートルであるが、それは二つの横道で結ばれている。一つはパサージュの北側の区画にあり、もうひとつはブールヴァールの近くにある。そのすぐ前には、書店とカフェがあり、それが南側の出入口の間の空隙を占めている。もし、われわれがギャルリ・デュ・テルモメートルに入るとすると、その出入口は、右に述べたカフェとウージェーヌ・レー書店の間に開いている」（註・アラゴンはギャルリ・ド・オルロージュ〔柱時計のギャラリー〕をギャルリ・デュ・テルモメートル〔寒暖計のギャラリー〕としているが、これはアラゴンの記憶違いか、それともこの頃には、柱時計が寒暖計に置き換えられて、こう呼ばれていたのか、不明である）

こうして、二つのパサージュの詳細な記述が続いて行くが、中でも、アラゴンが強い愛着とノスタルジーをもって描き出すのは「カフェ・セルタ」である。

「かくして、私はカフェ・セルタの入口に着いた。それはいくら語っても語りつくせないカフェである。

一九一九年が終わろうとしているある午後のこと、アンドレ・ブルトンと私は、以後、仲間たちとの会合はここで開くことに決めた。それはモンパルナスとモンマルトルに対する憎悪からであり、パサージュの曖昧さ（エキヴォック）に対する好みからであり、たぶん、以後、私たちにかくも親しくなるある予想外の装飾に魅惑されたためでもある。いずれにしろ、この場所こそが、ダダ党の根拠地になったのである。あの恐るべき結社が例のくだらない、だが伝説的な示威行動の一つの陰謀を練り、それがダダ党の偉大さと同時に腐敗の原因となるのである。（中略）

それに、そこはなんとも甘美な場所であった。可動式の黄色いカーテンのスクリーンの後ろでは、優しげな光と静寂とそして新鮮な平和があたりを支配していた。このカーテンは、床にまで届く大きな窓ガラスの近くに座った客に、人待ちでいらだった手がプリーツのついた絹の布地を引いたり伸ばしたりするたびごとに、パサージュの眺めを隠したり示したりするのだった。内装は木材のように焦げ茶色で、いたるところ木材がふんだんに使われていた。大きなカウンターがカフェの奥の大部分を占めていた。そのカウンターの上には蛇口のついた大きな酒がつるされていた。右側の奥には電話ボックスとトイレの扉が見えた。（中略）さらに、カウンターの横には緑色の植物が置かれ、カウンターの上には酒びんがずらりと並び、その左の端にレジスターが置かれていた。その近くに、ドアがあったが、そのドアは、ふだんは持ち上げられている厚手のラシャで閉ざされるようになっていた。そして、最後に、レジスターのところか、あるいは時には奥の席にどっしりと腰を降ろして、時の流れるにまかせているマダムがいる。このマダムは愛想よく、また美しく、その声は甘美だった。私はいまだから告白するが、しばしばルーヴル５４－４９の番号に電話をかけたが、それはただこう言ってみたかっただけなのである。〈いいえ、ムッシュー、だれもあなたを呼び出したりしてはいません〉あるいは〈ダダはひとりもいません、ムッシュー〉それというのも、ここではダダという言葉はほかで使われているのとはいささか異なる、もっと単純なニュアンスで用いられていたからである。それはアナーキーという意味でもなければ、アンチ芸術という意味でもない。ようするに、〈この運動〉を指すのに〈子供の馬〉といったりしてジャーナリストを恐れさせていたようなものはなに一つ意味してはいなかったのである、ダダであること、それは品格を落とすことではない。それはようするに、このカフェの常連、ときにいささか騒がしい、だがたぶん感じのいい若者のグループを指していたのである。人が、ブロンドのムッシューと言うような意味で、一人のタダがいると言っていたのだ。つまりは、他のものと同じく、ひとつの弁別的記号であった。それに、ダダですら風俗習慣の一つと化していたから、あるカクテルをダダと呼んでいたのである」

パサージュ・ド・ロペラは、一九二五年春、ブールヴァール・オスマンがブールヴァール・デ・ジタリアンに合流したとき、ついに姿を消したのである。パサージュへの哀惜とノスタルジーは、この瞬間に生まれたといってもいい。

パサージュ・デュ・ポン゠ヌフ

パサージュというのは右岸に集中し、左岸にはきわめて数が少ない。パサージュ・デュ・ポン゠ヌフは、パサージュ・ド・ラ・ソルボンヌと並んで左岸に存在した二つだけのパサージュである。

今日、ジャック・カロー通りとなっているパサージュ・デュ・ポン゠ヌフが造られたのは一八二三年から一八二四年のこと。

左岸のセーヌ川に沿ったカルチエ・ラタンからサン゠ジェルマン・デ゠プレにかけての一帯は、シテ島の次に自然発生的に出来上がった街区なので、その道は狭く、錯綜している。おまけに、ドフィーヌ通り、ゲネゴー通り、マザリーヌ通り、セーヌ通り、ボナパルト通りなど、セーヌ川と垂直に走っている通りは、それらを結ぶ通りが少ないため、うまく道を選ばないと、かなり回り道をする事になる。

この点に目をつけたのが、パサージュ・デュ・ポン゠ヌフの開発業者である。右岸からポン゠ヌフを渡って、左岸についた歩行者が、セーヌ通りの方に行こうとすれば、ゲネゴー通りを抜け、マザリーヌ通りに入ってから、大きく回してビュシ通りまで進むか、あるいはマザリーヌ通りからいったんセーヌの河岸に出なければならない。だから、ゲネゴー通りを抜けたところで、マザリーヌ通りとセーヌ通りを繋ぐ通り抜けがあれば、これを利用しないはずはないと考えたのである。

そこで、かつてジュ・ド・ポーム・ド・ラ・ブゼーユという球技場があった敷地を買収して、ガラス屋根つきのパサージュを造ることにした。

だが、この目論見は、最初から外れる。左岸には、右岸のような乗合馬車の発着場も、またパレ・ロワイヤルやグラン・ブールヴァールといった盛り場もないので、人出が少なく、パサージュを通る客も限られていたのである。

そのため、開通直後から、閑古鳥の住処となり、一八二八年に刊行された『新タブロー・ド・パリ』の「パサージュ」の項目では、レポーターは「これほど買うべきものが少ないパサージュのために、これだけ回り道をする価値があるのだろうか？　私はおおいに不満を抱えながらここをあとにした」と書いている。

だが、この不人気ぶりがある小説家の目にとまり、このパサージュの一角に主人公テレーズが夫のカミーユと共に営む商店を設定しようと考えたことから、パサージュ・デュ・ポン＝ヌフは、消え去ったあとも、永遠に人々の記憶に残ることになる。

エミール・ゾラの出世作『テレーズ・ラカン』である。以下は有名なその冒頭の描写である。

「セーヌの河岸から来た人がゲネゴー通りを抜けると、そこにパサージュ・デュ・ポン＝ヌフがある。マザリーヌ通りからセーヌ通りへと抜ける狭くて暗い一種の廊下である。このパサージュは、せいぜい、長さ三十歩、幅二歩しかない。黄色がかったタイルが敷き詰められているが、タイルは擦り減り、ところどころで外れ、いつも鼻をつく湿った匂いがしている。パサージュを覆っているガラス天井は、直角の切り妻で、水垢で黒ずんでいる。

夏の晴天の日など、重苦しい太陽が付近の通りを焦がすと、白っぽい明るさが汚れたガラスから落ちてきて、みじめったらしいパサージュの中を漂う。天気の悪い冬の日や、霧のたちこめた朝などには、ガラスはネバネバするタイルの上に暗闇を投げかけるだけである。汚れた不潔な暗闇を。

左側の列には、暗く、低く、押し潰されたような店が凹んだように並んでいて、地下室のひんやりした息吹を放っている。あるのは、古本屋、おもちゃ屋、ボール紙屋などだが、陳列された商品はほこりで灰色になり、暗闇の中でぼんやりと眠っている。ショー・ウィンドーは小さな四角いガラスをはめ込んだものなので、並べられた商品に不思議な波形模様の影を投げている。いたるところ暗闇だけの商店は、気味の悪い影がうごめく不吉な穴蔵といった感じである。

　右側の列はというと、パサージュにそってずっと壁が続いているが、そこに、向かい側の商店の主たちが長細い戸棚を造りつけていて、名前などない商品や、二十年前から忘れさられているような商品が、いやな感じの褐色に塗られた細い板の上にずらりと並んでいる。人造宝石を売る女がこの戸棚を自分の店にしていて、十五スーの指輪を売っているが、その偽宝石はマホガニーの箱の底に詰められた青いビロードの台の上に上品に置かれている。

　ガラス屋根の上には、黒く、粗雑な塗りの、まるでレプラに冒された皮膚のように傷だらけの壁がそびえているのが見える。

　パサージュ・デュ・ポン゠ヌフは、散策する場所ではなかった。人は回り道をしないで数分の時間を短縮するために使っていただけである。通るのはあわただしく動き回る人たちだけで、彼らの唯一の関心事は速く、そして真っすぐに行くことだけだった。見かけるのは、作業着をきた徒弟、針仕事を持ち帰る女子工員、あるいは腕の下に小包みを抱えた男や女だった。ときには、天井のガラスから落ちてくる陰鬱な薄日の中、足を引きずるように歩く老人たちや、学校帰りに、木靴の音をタイルに響かせるのがおもしろくて寄り道してくる子供たちもいた。ただ、一日中、聞こえるのは、いらだたしい不規則さで石の上に乾いたあわただしい音を響かせて去る人の足音だけであった。だれひとり話をするものはなく、ひとりとして足を止めるものもない。だれも、考え事に没頭しているように顔を伏せて足早に通り過ぎ、ブティックのほうには一瞥だに与えることはなかった。ブティックの経営者や店員たちは、なにかの奇跡でも起こって、通行人たちが自分の店の展示品の前で立ち止まってくれないかと、不安げな眼差しで過ぎ行く人たちを見つめていた。

夕方になると、重苦しい四角の角灯に閉じ込められたガス灯が三つパサージュを照らした。ガス灯は天井から吊るされ、天井ガラスに鹿毛色の明るい斑点を映し出していた。そのガス灯の周囲には青白い光の輪が揺れて、ときどき火が消えそうになることもあった。そうなると、パサージュは人殺しでも出そうな陰惨な様相を呈するようになる。大きな影がタイルの上に長く伸び、湿った空気が通りの方から入り込んでくる。さながら、葬式の三つの灯明でうすぼんやりと照らされた地下納骨堂の歩廊のようであった。(中略)

ゾラ『テレーズ・ラカン』に使われたパサージュ・デュ・ポン・ヌフの挿絵

ブティックで店番している女は両手をショールに包んで造り戸棚の奥でうつら

うつらまどろんでいる。

数年前までは、この女の店の前に一軒のブティックがあった。その店のファサードはビン色の緑の壁板で囲われていたがいたるところにできた裂け目からは、じとじとと汗が噴き出ているようだった。細長い一枚の板からなる看板には、黒い文字で〈小間物商〉と書かれていて、ガラス扉の上には、赤い字で『テレーズ・ラカン』と女の名前が見えた」

この描写に付け加えるべきものはなにもない。いや、これだけがパサージュ・デュ・ポン＝ヌフに関して残された唯一の証言なのである。

パサージュ・デュ・ソモン

パサージュ・デュ・ソモンはメインの歩廊だけで全長百七十五メートルというパリで最大規模のパサージュであった。しかも、たんに長いというだけではなく、賑わいという点でも、パリで一、二を争うパサージュであった。

たとえば、一八四〇年代のパリの盛り場のほとんどを登場させていることで知られるギュスターヴ・フロベールの『感情教育』には、「トロワ・フレール・プロヴァンソー」という有名なレストランで会食した主人公のフレデリック・モロー、アルヌー、ルジャンバールの三人が、食後のコーヒーを飲みに、パサージュ・デュ・ソモンのカフェを訪れる場面が出てくる。

「パサージュ・デュ・ソモンの中二階にある酒場にコーヒーを飲みにいった。フレデリックは、アルヌーとルジャンバールがとめどなくビールのお代わりをしながら果てしなくビリヤードの勝負を続けているのを、立ったままで見物していた」

このように、パサージュ・デュ・ソモンは、十九世紀の小説の中には、パサージュ・デ・パノラマに次いで登場する有名パサージュであったが、今日では、それがどこにあったのかさえ記憶されていない。この急激な興隆と衰退のドラマはいかにして起こったのだろうか？

パサージュ・デュ・ソモンが開通したのは一八二七年十二月のこと。開発主体は、オーギュスト・ロアール社。この会社は、同じパサージュ・デュ・ソモンという名前ながら、屋根がガラスで覆われていない普通の取り抜け（パサージュ）だった土地と建物をブレティニエールという貴族の一家から買い取り、これをガラス屋根のパサージュに改造しようと試みたのだが、入口の地権者の地上げに失敗したため、そこよりも少し南に下がった場所にまったく新しいパサージュを建設することにしたのである。パサージュ・デュ・ソモンというのは、屋根なしパサージュの時代からのものだが、それはこの先行の通り抜け道の両端が、レ・アールから北に伸びるモントルグーユ通りとモンマルトル通りという魚介類の搬入経路だった二本の道に面していたことと関係している。具体的には、モンマルトル通りに「ドゥ・ソモン（二匹のサケ）」という名の宿屋があったことにちなんでいる。

では、オーギュスト・ロアール社がなぜ、ここにパサージュを開通させようと計画したかといえば、それは両端のモントルグーユ通りとモンマルトル通りという通りが、この時代にはレストランやカフェの立ち並んだ繁華街であったためである。繁華街と繁華街を結ぶパサージュなら人が散策しないわけはないという発想である。

つまり、パサージュ・デュ・ソモンを通すというアイディアはまさに時代の趨勢を読んだものだったのだ。

ジャーナリズムも、かつてなかったようなパサージュとして、このパサージュの開通を拍手をもって迎えた。たんに長いだけではなく、幅は広いし、それぞれの店舗のスペースもたっぷり取ってある。さらに中二階をうまく使って階段の手摺りなどに豪華さを出したのも成功の原因だった。

また、この東西に長いパサージュには、南北に縦断するかたちに造られた二本の歩廊があり、その二本の歩廊は、南北の両端で、これまた二本の歩廊で結ばれていた。

その北端の、メインの歩廊に並行して走る短い歩廊は「ギャルリ・デ・バン」と呼ばれていたが、それはこの歩廊が公衆浴場（バン・ピュブリック）に通じていたからである。一方、南端の歩廊は「ギャルリ・デュ・サロン」と呼ばれ、「ショミエール・ディヴェール」（後に「バル・デュ・ソモン」）というダンス・ホール（後に劇場）の待合室（サロン）に接続していた。この「ショミエール・ディヴェール」は学生やお針子たちに非常に人気があり、後には、サン・ドニ界隈の商店の従業員や女工で賑わった。「ギャルリ・デ・バン」と「ギャルリ・デュ・サロン」は、西側では「ギャルリ・シャロスト」、東側では「ギャルリ・マンドール」という二本の縦の歩廊で結ばれていた。

1830年頃のパサージュ・デュ・ソモン

パサージュ・デュ・ソモンには、帽子屋は一軒だけだったが、この店が、エジプトの副王メヘメット＝アリがフランス王に贈ったキリンに引っかけて「キリン帽」というトンガリ帽子を売り出したところ、これが大当たりを取り、パサージュ・デュ・ソモンも有名にしてしまった。

以後、パサージュ・デュ・ソモンは、帽子にかぎらず、あらゆるファッションの発信基地として栄えるようになったのである。

そうしたパサージュ・デュ・ソモンの繁栄は、第二帝政期にまで持ち越された。

この人気に目をつけたのが、チュニジアのチュニスから莫大な財産を持ってフランスに亡命してきたトルコ人の将軍マフムード・ベン・アイアド。将軍は、パサージュ・デュ・ソモンの持ち主となっていたエメ・ド・モンモランシーから権利を買い取ると、ギャルリ・マンドールを南北に延長して、南側でマンドール通り、北側で現在のレオポール・ベラン通りとそれぞれ接続させ、出入りの便を良くした。

こうした新しい所有者を得てリニューアルに成功したパサージュ・デュ・ソモンの人気は、第二帝政期に、他のパサージュが衰退する中で、奇跡的に続いたが、それは、部分的には、娼婦と客の待ち合わせ場所として使われていたことによる。アルフレッド・デルヴォーは、『パリの歓楽　挿絵入り実践ガイド』の中で、「ここは、パリのパサージュの中でも、恋する男のブーツと、浮気女の短ブーツによって踏み固められることの一番多いパサージュである」と断言している。

つまり、ひとことでいえば、パサージュ・デュ・ソモンは、王政復古期に、ギャルリ・ド・ボワが演じたのに似た役割を果たしていたわけだが、もう一つ、地方から上京する人たちにとって、ランド・マークとしての機能も持っていた。

その一つの証言となっているのが、アルフォンス・ドーデが一八八一年に発表した『ニュマ・ルームスタン』という長編小説である。

南仏からパリにやって来たヴァルマジュール一家は、パサージュ・デュ・ソモンの屋根裏部屋に仮の宿を取る。

「後便で送られてくる家財道具の到着を待つあいだ、ヴァルマジュール一家は、この有名なパサージュ・デュ・ソモンに仮住まいすることとなった。そこには、アプトとその近郊からやってくる旅行者がいつも滞在していたのである。ポルタル伯母さんは、このパサージュのことを驚くほど鮮明に覚えていた。一家は、屋根裏の寝室と小部屋を借りていた。小部屋には陽は射さず、空気取りの窓もなかった。一種の温室だったが、そこには男が二人寝た。寝室は少し大きいだけだったが、一家の者にとっては、たいへん豪華な部屋に思えた。というのも、そこにはフナクイムシにかじられているとはいえ、マホガニーの家具があり、擦り切れてみすぼらしくなっているとはいえカーペットが敷かれ、赤い色が薄れているとはいえタイルが張られ、マンサルド型の窓からは切り取られた空が見えたからだ。それはパサージュのロバの背中のような長いガラス天井と同じように黄ばんで、汚れていた。この巣のような部屋に、小型ストーブの上で調理した郷土料理のニンニクとタマネギの匂いが充満していたが、彼らはその匂いをかぎながら故郷の思い出を語り合うのだった」

だが、第三共和制期に、デパートが大型化すると同時に豪華なものに変わると、さしものパサージュ・デュ・ソモンにも落日がやってくる。そして、その落日は、まさに釣瓶《つるべ》落としのように急激で、あれほど賑わったパサージュがいつの間にか閑古鳥の鳴くパサージュに変わり、さらには幽鬼の漂うような寂れ方を呈するようになる。

一八八四年に、ベン・アイアド将軍が亡くなると、その息子は、パサージュを競売にかけ、四百五十万フランで売り払った。だが、新しい経営者の努力をもってしても劣勢は挽回することができず、パサージュ・デュ・ソモンは一八九九年、ついに解体されることになった。その跡に出来たのが、現在のバショーモン通りである。

だが、当時、このパリ最大のパサージュの消滅を嘆く声はほとんど上がらなかった。パサージュの落魄ぶりがあまりにひどく、だれも、かつての繁栄を惜しむものはいなかったのである。

ただし、パサージュ・デュ・ソモンのメインの歩廊は解体されたが、縦断する歩廊のうち、「ギャルリ・マンダール」だけは解体を免れ、「パサージュ・ベン・アイアド」という名称で細々と営業を続けることとなった。だが、この孤立した場所にあるパサージュを通る人は、北端の共同浴場「バン・デュ・ソモン」の利用者しかいなくなったため、南端の入口はコンクリートで閉ざされてパサージュはガレージとなった。

二〇〇七年の一月に訪れたときには、北端の共同浴場も閉鎖されてホテルに改装され、パサージュも閉鎖されてしまっていた。

パサージュ・マニアは、入口に残された「パサージュ・ベン・アイアド」という碑銘で我慢するしかない。寂しいかぎりである。

現存するパサージュを読む

パサージュ・デ・パノラマ（エミール・ゾラ『ナナ』より）

「それから三カ月たった十二月のある晩のこと、ミュファ伯爵は、パサージュ・デ・パノラマをそぞろ歩きしていた。とても暖かい夕暮れで、夕立があったせいか、パサージュは人でごったがえしていた。両脇のブティックに挟まれたように、真ん中の通路には人が窮屈な思いでひしめき、ノロノロと進んでいた。反射光に照らされて白く光る天井ガラスの下には、強烈な照明や、煌々たる光の流れが渦巻いていた。すなわち、白いランプの笠、赤いランタン、青い透明ガラス、ガス灯、炎の線で描いた巨大な懐中時計や扇などが、空気の中で燃えていた。ブティックの磨きあげられたショー・ウィンドーの後ろでは、反射鏡のギラギラした光を浴びながら、宝石屋の金細工、お菓子屋のガラス・ケース、帽子屋の暖色の絹地などの商品がいろとりどりの色彩を輝かせていた。一方、ごてごてと塗りたくった広告用オブジェのなかに、巨大な緋色の手袋があり、遠くから見ると、黄色い袖カバーのところで切ってからくっつけた血だらけの手のように見えた。

ミュファ伯爵は、ゆっくりとした足取りで、ブールヴァール・モンマルトルの出入口のほうに歩いていった。彼はブールヴァールの車道に一瞥を投げかけたあと、ふたたびパサージュ・デ・パノラマの中を引き返し、ブティックを見ながら小刻みに歩いた。湿った生暖かい空気がこの狭いパサージュに光のような蒸気を充満させていた。傘から落ちた滴で床のタイルは濡れ、その上を人々が足音だけを響かせて無言で歩いていた。散策者たちは踵を返すたびに、ミュファ伯爵に肘でぶつかり、ガス灯で青白く照らされた伯爵の押し黙った顔をじろじろと眺めた。すると、伯爵は好奇心から逃れようとするかのように、一軒の文具店のショー・ウィンドーの前に立ち止まり、文鎮だとか、景色や花を中に収めたガラス玉のペーパー・ウェイトなどの陳列品をしげしげと見つめるふりをした。

だが、伯爵は何も見てはいなかった。ナナのことばかり考えていたからである。(中略)一人の通行人に押されて、伯爵はそれと知らぬまに文鎮の前を離れ、雑貨屋のショー・ウィンドーの前に立っていた。そして、どれも隅のほうに青いツバメのマークの入った手帳やタバコ入れなどを穴のあくほど見つめた。たしかに、ナナは心変わりしてしまったのだ。(中略)

またもや、群衆に押されるようにして、ミュファ伯爵はパサージュを横切り、レストランの入口で、毛をむしられたヒバリや大きなサケを陳列したショー・ウィンドーを眺めながら、思案にくれていた。

ようやく、伯爵は、目の前の光景から我に返ったように、体をゆすり、目をあげて時計を見た。九時ちかくになっていた。間もなく、ナナが出てくる時刻だ。彼はなんとしても口を割らせてやろうと思った。そして、歩きだすうち、以前、この場所で、劇場から出てくるナナを待ち受けながら過ごしたいく晩かのことを思い出した。どのブティックもおなじみの店だった。ガス灯の臭いの交じった空気の中に、ロシア革のきつい臭い、チョコレート屋の地下から上ってくるバニラ・エッセンスの香り、それに香水屋の開いた扉からも漏れてくる麝香《じゃこう》の匂いなどが漂っていた。(中略)

ナナはパサージュ・デ・パノラマが大好きだった。それは、アルティクル・ド・パリと呼ばれるまがい物の宝石、金メッキした亜鉛、革を模したボール紙などの安ぴかものに対する若いときの情熱の名残だった。このパサージュを通ると、子供用の木靴を引きずりながら歩いていた頃のように、ショー・ウィンドーの前で足を止めないわけにはいかなかったのだ。チョコレート屋の砂糖菓子の前で我を忘れ、隣のブティックではオルガンの演奏に耳を傾けたが、とりわけ彼女が心ひかれたのは、クルミの殻に入った白粉、くず屋の負いかごのかたちをした小さな楊枝入れ、寒暖計の台として使われているヴァンドーム塔やオベリスクの模型といった、あくどい趣味の安物のガラクタだった。だが、この晩は、気持ちが動揺していたので、そうしたものを見ていても、まったく目に入ってはいなかったのである」

パサージュ・ショワズール（ルイ・フェルディナン・セリーヌ『なしくずしの死』より）

「一家は、バビロンヌ通りを去って、もう一度、店を開いて運だめししようと、証券取引所とグラン・ブールヴァールのあいだにあるパサージュ・デ・ベレジナに落ち着いた。パサージュでは住処は階上にあり、螺旋階段で三つの部屋がつながっていた。わたしの母は片足で階段を、タッ、パッ、タン、タと、手摺りにつかまりながら、駆け登っていた。その音を聞くと、父はいらいらした。（中略）

わが家の一番上の部屋は、パサージュのガラス屋根に、つまり空に面していたが、その窓には、泥棒と猫が入りこんでこないように鉄の格子がはまっていた。そこが私の部屋だった。しかし、そこはまた、配達から戻ってきたときに父が絵を描くために使う部屋でもあった。父は入念に水彩を描いたが、仕上げると、しばしば、階段を降りていくふりをして途中で立ち止まっていた。それは、私がオナニーをしている現場を取り押さえるためだった。わたしは父より上手だったので、捕まったのは一度だけだった。（中略）

パサージュでは、祖母は、資本の残りの古道具で、できるかぎり長く私たちを助けてくれた。店にショー・ウィンドーはあるが、一つ分しか飾るものがなかったので、その一つのショー・ウィンドーに明かりを灯していた。飾ってあったのは、どうにもしようがないガラクタであり、ぶざまに古びた商品であり、売れ残りであり、くずだった。そして、そんなものが商品では、売れるはずがなかった。だから、生きていくには、節約しかなかった。いつも、食事はメン類だったが、それでも母は月末にはイヤリングを質に入れるほかなかった。わが家は、いつもいつも、破産寸前だったのである。(中略)

帰りがけに、祖母は、パサージュの角のところで、足温器の上にすわっている新聞売りの女から『絵入り大冒険』を買ってくれた。祖母は、私のためを思って三枚重ねにした厚いペチコートの下にはいたパンツの中にそれを隠してもってきてくれた。父は私がそうした下らぬものを読むことを好まなかったからだ。父は、そんなものは子供を堕落させるばかりで人生の勉強にならない、むしろ、私は真面目な読み物でアルファベットを覚えるべきだという考えだった。

私は七歳になろうとしていた。もうじき学校に行くのだから、くだらないものを読んで道を間違えてはいけないのだ。(中略)

正直なところ、パサージュは、とてつもない腐敗の塊だった。まるで、子犬の小便と、糞と、痰と、ガス漏れの間で、ゆっくりと、だが確実に、くたばっていくために造られているかのようだった。刑務所の中よりも臭かった。ガラス張りの屋根の下では、太陽の光もほとんど届かないので、ロウソクの明かりで対抗できるほどだった。だれもがみな窒息しかかっていた。パサージュは、自分のおぞましい窒息状態を自覚するようになっていた。

もはや、人々の話題となるものといったら、田園であり、山々であり、谷であり、自然の驚異であった」

あとがきに代えて

パリのパサージュの魅力は、文法用語でいうところの「過去未来」の生み出すある種の悲しみにあるのではないだろうか。「……には……するだろう」という未来形が予言した「時の点」を、現実の時間がとうの昔に通りこしてしまい、われわれがそのありえたかもしれない「時の点」を遠い過去として振りかえらざるをえないときに使われるこの過去未来という時制には、予言された事実が現実に実現されたか否かにはかかわらず、いちように、もはや過ぎ去ってしまった未来の明るさに対する哀切の感情がこめられている。

私たちが、パリのパサージュを横切るとき、それはたしかに時間隧道《タイムトンネル》として私たちを十九世紀のパリへと一瞬のうちに連れていってくれはする。だが、私たちの意識は、夢をみているときのように自分たちが完全に十九世紀にタイム・スリップしたとは思ってはいない。いや、そう錯覚する瞬間もないわけではない。輝かしい未来に向かって、豪奢と繁栄の夢を語るパサージュの声を「未来形」としてたしかに聞いたような気がすることもある。しかし、そのいっぽうで、私たちの意識はそのパサージュの声が従属節の中の未来形、つまり過去未来にすぎないことを知っている。未来形の明るさを包み込む過去形の暗さ。
しかも、それはたんに時間的な感情の交錯ばかりではない。イメージもまた交錯するのだ。パサージュに足を踏み入れるということは、未来の夢の中に入ってゆくということではなく、すでに覚めてしまった夢を、その直後にもう一度、夢として反芻しようとする試みに似ている。私たちの目は現実を見てはいるが、そのいっぽうでは、まだ網膜には夢の残像がとどまっていて、夢の中での切実感と覚めてからのビザールな印象が同居している。このイメージの二重写しと、相反する印象の共存。これらが時間の中で意識されたとき、われわれの心のなかに、「哀切」の感情が生まれるのである。パサージュとは、ひとつの時代が語っていた夢の過去未来的表現にほかならない。

「集団の夢の家とは、パサージュ、冬園『室内庭園』、パノラマ、工場、人形館、カジノ、駅などのことである」（ベンヤミン『パサージュ論』岩波書店、今村仁司他訳）

ビザールな疼き

ベンヤミンが一九二六年に初めてパリに滞在したとき、パサージュはすでに十分すたれていた。すなわち、十九世紀の初めにその鉄骨建築とガラスの組み合わせという最新のテクノロジーによって、来るべき未来への夢を語っていたパサージュは、デパートが登場した一八七〇年代には早くも寂れはじめ、一九二〇年代にはもはや過去の遺物となりはてていた。しかし、このときにはまだ、これを「過去未来」として捉え、そこに「哀切」を感じとるという感受性は人びとのあいだでは共有されていなかった。

だが、一部の若い詩人たちや芸術家の中には、この寂れきったパサージュの中にこそ、自分たちの追求すべき新しい芸術のエッセンスがあるのではないかと考える人たちもいた。ルイ・アラゴン、アンドレ・ブルトンらのシュルレアリストたちである。

なかでも、ルイ・アラゴンは、一九二六年に発表した小説『パリの農夫』の中で、このパリのパサージュ、とりわけ、オスマン大通りの開通で取り壊されることになっているパサージュ・ド・ロペラ（オペラ座のパサージュ）の摩訶不思議な魅力を強調した。

「パリのグラン・ブールヴァール付近に多いこの種のガラス屋根つきギャラリーには、突飛なもののモデルヌな光が、なんともビザールな感じで満ちている。人々はこのギャラリーを、《パサージュ（通過）》という、こちらをたじろがせるような名前で呼んでいる。まるで、この直射日光を避けたこのギャラリーでは、一瞬以上長く立ちどまることがだれにも許されていないかのように。その海緑色の光は、どこかしら深海のような雰囲気を漂わせているが、突然、スカートがめくれて女性の脚が見えたときのような明るさを見せることもある」

「海緑色の光」というのは、長い年月のあいだに天井のガラスに苔がこびりつき、そこを通過してくる光が青緑色をしているのを、まるで水族館の中にさしてくる陽光のようだと感じているからだが、とすると、この水族館の中を行き来する人びとは「魚」となり、パサージュは、「人間水族館」ということになる。

「個としてはもはや死んでしまってはいるが、現代のいくつかの神話の隠し場所としてはじっくりと眺める価値のある人間水族館」（アラゴン同書）

シュルレアリストたちがこの「人間水族館」に足しげく通ったのは、そこに、「現代のいくつかの神話」が隠されていると信じたからだ。

では、彼らのいう「現代のいくつかの神話」とはなにか？　それは、他の場所だったら、なんの変哲もない日常のなかに埋没してしまうかもしれない平凡な事物が、ここにおいては、まるで、ミシンの上に置かれたこうもり傘のように、突如、両義的《エキヴォック》で、突飛《アンソリット》なものへと変容し、ビザールな光を放ち始めるからである。

骨董屋の店先で古いものがにわかにモダンに見え始めるかと思えば、文明の利器を売る店のショーウィンドーで、新しいものの中にアルカイックなものが不気味な姿をのぞかせている。なぜなら、ここでは、未来が過去であり、過去が未来だからである。時間の秩序があらかじめ攪乱されているのだ。

攪乱されているのは時間ばかりではない。空間もまた秩序を喪失している。古道具屋では、由緒ある事物が最新流行の安ぴかものと隣り合わせになり、古着屋のショーウィンドーには、毛皮のコートの下になまめかしいランジェリーが並べられている。すべてが両義的で互いに交換可能になり、二重映像の中にはめ込まれる。

こうしたパサージュの中の時間的・空間的混乱は、パサージュ・ド・ロペラだけではなく、グラン・ブールヴァールのパサージュのどこにおいても観察されたものらしい。アンドレ・ブルトンは、『溶ける魚』の中で、ブールヴァール・モンマルトルにあるパサージュ・ジュフロワのことをこう歌いこんで、そこがシュルレアリストの聖地であることをはっきりと示した。

「白貂《しろてん》の乳房をもつ女が、パサージュ・ジュフロワの入口で、さまざまな歌の光のなかにいた。彼女はふたつ返事で私についてきた。私はタクシーの運転手にランデヴーの住所を告げた。このランデヴーは人物の名で、昔の知り合いのひとりだった。ランデヴーは若くもなく年寄りでもなく、ヌイイ門の近くでこわれたガラスの店を開いていた。
《きみはだれ？——首都のはずれでふるえている死にそうな竪琴の疼きのひとつよ。あなたを痛くさせるでしょうけれど、ゆるしてね》」（岩波文庫、巌谷國士訳）

パサージュ・ジュフロワのエキヴォックな光の中を通ったあとでは、なにもかもが曖昧になり、どんなことも「ありえて」しまう。その突飛《アンソリット》な印象は、「私」の頭からではなく、パサージュの中の事物の関係から生まれてくる。パサージュこそは、シュルレアリスムそのものなのだ。

「私にとってひとつのゲームになったのは、近づくことを私に禁じようとするいくつかの小さな香水壜を、気づかれずにまたいで通ることだった。どうやらまえの世紀のものらしい警察条例が、弩《いしゆみ》のかたちをした楽器の柄を部分的におおっていたが、それは以前、パサージュのとある武器商の店先で、宝石を象嵌《ぞうがん》してあるのをすでに見たあの道具だとわかった。こんどはそれが乾いた葉枝の簀子《すのこ》の上におかれていたので、これはなにかの罠だと思うことができた」（ブルトン同書）

パサージュに足を踏み入れるということは、シュルレアリスト的な夢の世界に入り込んでゆくことにほかならない。

黄泉の国へ

だから、パリのパサージュを歩くときは、ショーウィンドーに陳列された現実《レエル》の事物のあいだから、超現実《シュルレエル》が飛び出してくる瞬間を見逃さないようにしよう。パサージュは、どんなシュルレアリストの絵よりも超現実的であり、事物で描かれたシュルレアリスム絵画なのだ。

しかし、パサージュを歩くときに気をつけなければならないことがある。それは、パサージュがたんに超現実を展示するショーウィンドーであるばかりか、そのまま「異界」へと通じる入口でもあることだ。

「古代ギリシアでは、黄泉《よみ》の国に通じているいくつかの場所があるとされている。(……)。われわれは昼間であれば、パサージュ（それは、町の過ぎ去った生活へとつながっているギャルリだ）を通って、いつの間にか街路に抜けることができる。だが、夜ともなると、いっそう濃密になったパサージュの闇が、家々の暗い固まりの中に恐ろしげに浮かび上がり、帰り遅れた者は、われわれが前もって狭い小路を通るよう勧めておいたのではないかぎり、パサージュの前を足取りを速めて通り過ぎることになる」（ベンヤミン『パサージュ論』）

したがって、パサージュの敷居をまたぐには、それなりの覚悟が必要であり、意識の半分は、しっかりと覚醒状態においておかなければならない。そうしないと、いつしか、完全な夢の世界、「異界」へつれ去られ、こちら側の世界へと戻ってこられなくなる。「過去未来」の主節にいると思った意識が、気づかぬうちに従属節のほうへ入り込んで、それが過去の節にくくられていることを忘れ、未来をそのまま未来として生きてしまう。「過去未来」の哀切が「未来」の明るさに変わったと思った瞬間、われわれは黄泉の国に入り込んでいる自分を発見することになる。

どうやら、パサージュの旅は、だれにでも気軽にお勧めできる類いのものではないことだけは確かなようだ。

文庫版のためのあとがき

パサージュについて初めて書いたのはまだバブルの余波が残っていた一九九二年のこと。納税額三〇〇〇万円以上（！）の資産家だけを対象に無料で配布される豪華雑誌として鳴り物入りで創刊された「ジャパン・アベニュー」（ジャパン・アベニュー社）の一九九二年十月号（通算十五号）に寄稿したのである。

「ジャパン・アベニュー」は同じコンセプトの「ニューヨーク・アベニュー」の日本版で、版元のジャパン・アベニュー社はダイヤモンド社の社長（後に会長）で財界のフィクサーと呼ばれた故・坪内嘉雄氏（昨年一月に急逝された批評家・坪内祐三氏の父君）がこの雑誌のために設立した出版社であった。

「ジャパン・アベニュー」は編集顧問が作家の丸谷才一《まるやさいいち》氏で、編集長は書評家として名高い向井敏《さとし》氏という、これまた豪華な布陣で、『イギリスはおいしい！』がベストセラーとなった林望氏や、中国文学者の高島俊男氏が連載を持つなど、格調高く、かつ面白い素晴らしい雑誌だったが、バブル崩壊と同時に休刊になった。

記憶を辿ると、一九九一年の暮れ、私が『馬車が買いたい！』でサントリー学芸賞を受賞した直後に編集長の向井敏氏から呼び出しを受け、銀座一丁目のホテル西洋銀座のレストランで会食したさいに「ジャパン・アベニュー」への寄稿を依頼されたのだと思う。そのとき、向井氏から、次号はパリ特集を組みたいから、パリで取材した上で少し長めの巻頭エッセイをお願いしたいと言われた。

まだ連載を抱えてスケジュールが空けられないなどということはなかったから、渡りに舟で応じたが、問題は何をテーマにするかということだった。そのとき、とっさに思いついたのがパリのパサージュを巡る旅というアイディアだった。というのも、私のパリ旅行というのはイコール古本屋巡りの旅だったが、この古本屋巡りの時に必ず足を運んでいたのがパサージュだったからである。具体的にいうと、ギャルリ・ヴェロ゠ドダ、ギャルリ・ヴィヴィエンヌ、パサージュ・ショワズール、パサージュ・ジュフロワ、パサージュ・ヴェルドーなどで、これらのパサージュにはいずれも古本屋があったのだ。

向井氏は私の提案をただちに了承され、予算内なら自由にパリに取材旅行してきてＯＫという、いまにして思うとなんとも鷹揚な条件を示された。普通、こうした取材旅行は編集者とカメラマンと三人で出掛けるもので、それなりに不自由なのだが、写真は原稿が上がってから現地のカメラマンに依頼するということで、一人で自由に歩き回りたい私としては願ったりかなったりのオファーであった。

かくて、私は大学の正月休みを利用して、歴史的な知識も仕込んだ上でパサージュ巡りの旅に出掛けた。このときに仕上げた原稿は「パリ時間隧道《パサージュ》」のタイトルで「ジャパン・アベニュー」に掲載後、翌一九九三年に筑摩書房から刊行された『パリ時間旅行』に収録した。この本は後に中公文庫に入り、いまだに版を重ねているから、お読みになられた読者も多いかと思う。日本でパサージュばかりを体系的に紹介した最初のエッセイだったと思う。この後、ヴァルター・ベンヤミンの『パサージュ論』が翻訳され、パサージュがちょっとしたブームになったのはパリ好きなら知らぬ者はいないだろう。

それから十五年ほどたった二〇〇七年の夏。私は考えるところあってパリのパサージュを網羅した本を書こうと思い立った。それは、ながらく閉鎖されて改装工事が進められ、一九九〇年代の終わり頃にリニューアル・オープンしたパサージュ・デュ・アーヴルをたまたま通りかかって愕然とした体験による。つまり、こんな改装では日本のショッピング・モールとまったく同じではないかと感じて、大いに落胆したのだが、同時に強い危機感も覚えたのである。もしかするとパサージュ・デュ・アーヴルの改装が成功例と見なされ、パリに残った他のパサージュも次々と同じようにリニューアルされていくのではないかと恐れたのだ。ならば、この際、パリのすべてのパサージュを写真撮影し、同時にそれぞれのパサージュの印象と歴史的由来をしっかりと記録して「街路の記憶」を保存しておこうと考えるに至ったのである。

そこで、グラフィックな本を得意とする平凡社の編集者・清水壽明《としあき》氏に相談したところ、OKが出たので、書き下ろしで執筆に取り掛かったのだが、やはり正確な記述のためには現地に足を運ぶしかない。だが、平凡社の予算では私とカメラマンの取材費の全額は無理ということだったので、写真撮影は私の長男でカメラマンの鹿島直《なお》に頼むことにした。親子なら無理がきくからである。

結局、写真撮影は一回の渡仏では済まず、夏と冬の二回に及ぶこととなった。サン＝ジェルマン＝デ＝プレの一番安いホテルである「オテル・ルイジアーヌ」に宿を取り、そこを拠点にして、わずか数日の滞在で十九のパサージュをすべて巡るという強行軍を夏バージョンと冬バージョンで二回撮影したのである。とくに冬の取材では猛烈な寒波の襲来を衝いての撮影だったが、よく試練に耐え、なんとか結果を出せたのは幸いだった。

長男は、一九八四年から一九八五年にかけて私が在外研修でパリに滞在した際、エッセイ集『子供より古書が大事と思いたい』（青土社、のち文春文庫）に描いたような理不尽な思いをさせたあの小学生である。それから二十二年を経た二〇〇七年に今度はカメラマンとして、かつて何もわからずに足を踏み入れたことのある同じパサージュの古書店を訪れるという運命の巡り合わせとなったのである。

なお、正確を期せば、取材はもう一度、二〇〇八年の一月にも行われた。このときは長男は同行せず、私の単独行だったが、それは、上がってきたゲラの情報が正確かどうか、パサージュをもう一度歩いて番地や店の業種などと突き合わせを行うためだった。当時はまだインターネットは普及しておらず、情報も不十分だったのだ。

ところで、この確認作業中に思いがけない出会いがあったことを記しておきたい。パサージュ・ショワズールのリブリア書店の前だったと思うが、私がゲラを片手にこの確認作業をやっているとき、向こうから日本人の親子三人連れが歩いてきた。その父親とおぼしき男性と目があったとき、どちらともなく、ほぼ同時に「アッ!」と声が出た。というのも、面識がなかったにもかかわらずお互いに相手がだれなのかすぐに分かったからである。

「鹿島さん?」

「辻さん?」

そう、その未知の人とは、当時、結婚を機にパリに移り住んでいた作家の辻仁成《つじひとなり》さんだったのである。

私たちはしばらく立ち話をした後、それぞれ用事があって別れたが、これぞ一期一会であった。辻さんもこの意外な出会いが強く記憶に残ったらしく、後に作家の江國《えくに》香織《かおり》さんとの対談でこのエピソードを語られていた。

パリというのは、東京よりも思いがけない出会いが頻繁に起こる場所なのである。

それはさておき、企画の段階から、たんなるパサージュ写真集にはしたくなかったので、テクストの方にも力を入れていたが、こちらは案外、苦労した。一九九二年のときと違ってパリのパサージュについての詳細な研究書は何冊か出ていたのだが、それでも分からないところは多く、原資料に当たるために十九世紀の新聞を検索したり、マレ地区の古文書館にも足を運ぶ必要が出てきて、思いのほか執筆に手間取ったのである。

さらに、当初は、既訳を充てれば済むと思っていた「パサージュ文学全集」の章も、引用が長くなりすぎたので、いっそ自分で訳すべきではないかと判断した。こちらにも時間を多く取られたのである。

このように、自分で言い出したことながら、『パリのパサージュ』は完成までに予想外の時間と手間が（それに金も）かかったが、出来上がりは素晴らしく、非常に美しい本になったと思う。この本を片手にパサージュ巡りを試みる人も出てきたのは作家冥利《みょうり》に尽きると言えるだろう。

さて、時間は大きく飛んで、コロナ禍で世界が覆いつくされた二〇二〇年の初夏。厳重な都市封鎖令により、パリは人通りが完全に絶えたらしく、無人の街路の写真や映像がテレビやネットを賑わしていた。パサージュの中には、コロナ禍で荒廃が加速して都市封鎖解除後も客が戻らず、取り壊されるところも出て来るだろう。

十三年前に決断して記録を残しておいたのは正解だったかもしれないと、ひさしぶりに『パリのパサージュ』を書棚から取り出してページを開いてみた。そのとたん、なんとも抑えようのないノスタルジーがわいてきて、副題の「過ぎ去った夢の痕跡」という言葉が胸に迫った。

思えば、一九七九年に初めてパリを訪れて以来、いったいなんどパサージュを通り抜けたことだろう。私のパリの記憶はパサージュの記憶と完全に重なっているのである。ならば、あと数年はパリにいけないのだから、この本を復刊して、パリ好きの読者に想像力の中でパサージュに遊んで「過ぎ去った夢の記憶」を反芻していただいたらどうだろう。考えはただちに実行され、いまここにあるように、『パリのパサージュ』は中公文庫で復刊される運びとなったのである。

といっても、そのままの復刊ではない。平凡社版では「まえがきに代えて」と「パサージュの定義」の次に、かなり学術的な記述である「パサージュの歴史」が来ていたため、イントロから「過ぎ去った夢」の中にそのまま入っていくことができないという声が読者から上がっているのを知っていたからである。

この反省により、本書では、「パサージュの歴史」を「パサージュガイド　19の散歩路」の後ろに回し、また「失われたパサージュを求めて」と「現存するパサージュを読む」を一つにまとめて「パサージュ文学全集」という章題を与えることにした。このような構成ならば、読者はイントロの後ただちにパサージュ巡りのバーチャル旅行に出掛けることができるし、その後であらためてパサージュの歴史を辿り、文学作品の中にパサージュの痕跡を探ることが可能になるからだ。

また、写真については文庫化に伴い枚数を半減させ、カラー頁も減らさざるをえなくなったので、それを補うために、購読者限定サービスとして特設サイトを開設し、次頁のQRコードやURLからサイトに飛ぶことができるように工夫してみた。これにより、割愛されたり、白黒化したカラーのオリジナル画像が閲覧可能になった。新しい試みだが、スマホ等を駆使できる読者なら楽しみは倍加するにちがいない。

最後になったが、文庫化に当たってお世話いただいた中央公論新社編集部の藤吉亮平さんに、また、文庫化を許可していただいたばかりかデータも提供していただいた平凡社編集部にも、この場を借りて感謝の言葉を伝えたい。

二〇二一年三月二二日

鹿島　茂

写真　鹿島 直

『パリのパサージュ』 2008年２月　平凡社刊

特設サイト

https://www.chuko.co.jp/special/passage/

中公文庫

パリのパサージュ
——過《す》ぎ去《さ》った夢《ゆめ》の痕跡《こんせき》

2021年5月25日　初版発行

著　者　鹿《か》島《しま》　茂《しげる》

発行者　松田陽三

発行所　中央公論新社
〒100-8152　東京都千代田区大手町1-7-1
電話　販売 03-5299-1730　編集 03-5299-1890
URL http://www.chuko.co.jp/

DTP　ハンズ・ミケ
印　刷　三晃印刷
製　本　小泉製本

Published by CHUOKORON-SHINSHA, INC.
Printed in Japan　ISBN978-4-12-207065-3 C1126

中公文庫既刊より

各書目の下段の数字はISBNコードです。978-4-12が省略してあります。

か-56-1
パリ時間旅行
鹿島　茂
オスマン改造以前、19世紀パリの原風景へと誘うエッセイ集。ボードレール、プルーストの時代のパリが鮮やかに甦る。図版多数収載。〈解説〉小川洋子
203459-4

か-56-2
明日は舞踏会
鹿島　茂
19世紀パリ、乙女たちの憧れは華やかな舞踏会！　フロベール、バルザックなどの作品を題材に、当時の女性の夢と現実を活写する。〈解説〉岸本葉子
203618-5

か-56-3
パリ・世紀末パノラマ館　エッフェル塔からチョコレートまで
鹿島　茂
19世紀末、先進、躍動、享楽、芸術、退廃が渦巻く幻想都市パリ。その風俗・事象の変遷を遍く紹介する魅惑の時間旅行。図版多数。〈解説〉竹宮惠子
203758-8

か-56-4
パリ五段活用　時間の迷宮都市を歩く
鹿島　茂
マリ・アントワネット、バルザック、プルースト――パリには多くの記憶が眠る。食べる、歩くなど八つのテーマでパリを読み解く知的ガイド。〈解説〉にむらじゅんこ
204192-9

か-56-9
文学的パリガイド
鹿島　茂
24の観光地と24人の文学者を結ぶことで、パリの文学的トポグラフィが浮かび上がる。新しいパリが見つかる、鹿島流パリの歩き方。〈解説〉雨宮塔子
205182-9

か-56-10
パリの秘密
鹿島　茂
エッフェル塔、モンマルトルの丘から名もなき通りの片隅まで……時を経てなお、パリに満ちる秘密の香り。夢の名残を追って現代と過去を行き来する、瀟洒なエッセイ集。
205297-0

か-56-11
パリの異邦人
鹿島　茂
訪れる人に新しい生命を与え、人生を変えてしまう街――パリ。リルケ、ヘミングウェイ、オーウェルら、触媒都市・パリに魅せられた異邦人たちの肖像。
205483-7